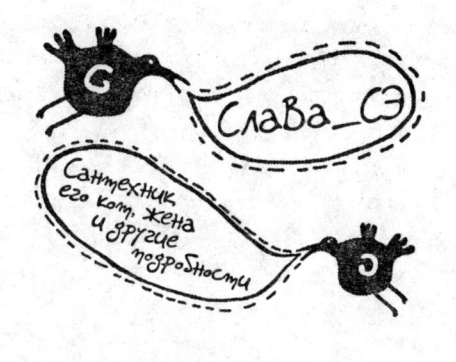

Слава_СЭ

Сантехник, его кот, жена и другие подробности

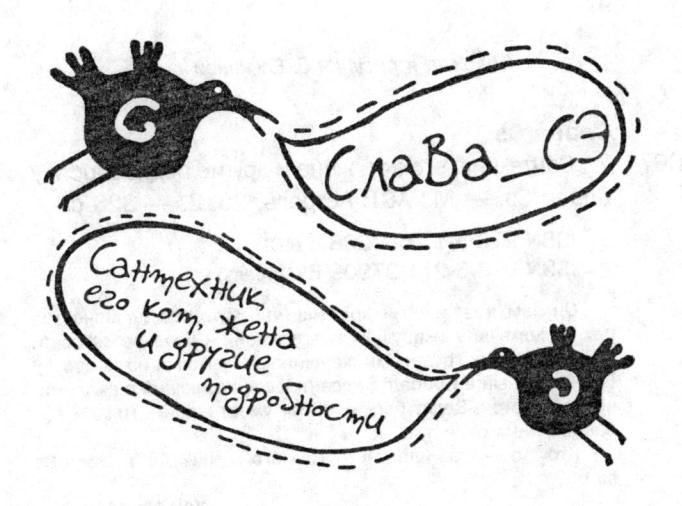

Слава_СЭ

Сантехник, его кот, жена и другие подробности

Астрель
Москва

УДК 821.161.1-31
ББК 84(2Рос=Рус)6
С97

Обложка и рисунки Е. Елькиной

Слава Сэ

С97 Сантехник, его кот, жена и другие подробности / Слава Сэ. — М.: АСТ: Астрель, 2012. — 320 с.

ISBN 978-5-17-067206-6 (АСТ)
ISBN 978-5-271-27909-6 (Астрель)

Он сам невзрачный крепыш, чье мужское одиночество пахнет хомячком (живущим под ванной), и увлекается почти неприступными грустными женщинами (легкими на поцелуй). Единственный в Прибалтике сантехник, играющий в академическом театре. Ведет блог в «ЖЖ», умеет жарить мясо и выращивать на окне лук.

Кто это — сам Слава Сэ? Или его герой? Да и Слава Сэ ли он?

УДК 821.161.1-31
ББК 84(2Рос=Рус)6

Подписано в печать с готовых диапозитивов заказчика 24.10.2011 г. Формат 70×108^1/$_{32}$. Бумага офсетная. Печать высокая с ФПФ. Усл. печ. л. 16,8. Доп. тираж 7000 экз. Заказ 982.

Общероссийский классификатор продукции
ОК-005-93, том 2; 953000 — книги, брошюры

ISBN 978-5-17-067206-6 (АСТ)
ISBN 978-5-271-27909-6 (Астрель)
ISBN 978-985-16-8667-0 (ООО «Харвест»)

© Слава Сэ
© ООО «Издательство Астрель»

Дворник Виталик по прозвищу Сиреневый Туман всегда ходит с лопатой. Без лопаты он боится упасть и остаться навек горизонтальным. Трезвым он не работает, потому что есть некая фальшь в трезвых дворниках. Но метёт как Аполлон.

В самые ледяные месяцы, когда в любом сугробе стекленеет отдельный ямщик, Виталиковы дорожки вымыты и высушены специальным перегаром. Случайные снежинки даже не пытаются ему мусорить и сразу сворачивают к чужим сугробам. Которые не сворачивают, тех Виталик догоняет и убивает железной лопатой. Из-за такого тяжёлого его психического заболевания у нас с Лялей протёрлись санки.

Народный китайский завод синих тазиков делает эти санки методом привязывания к тазикам верёвки. Выхо-

глава_СЭ

дит очень удобное изделие. В нём можно парить ноги, хранить помидоры и волочить детей в сад, если выпал снег или неглубокие лужи.

Я потратил на санки два евро и до сих пор не жалею. Я испытал их на себе. Развил с моста огромную скорость, хотел взлететь с трамплина, но был спасён одной берёзой. Она чисто по-женски выбежала навстречу мужчине, одиноко летящему по небу в синих санях. Наша связь была мимолётной, но яркой.

Мы с Лялей ходим в сад через улицу, мимо кустов и забора. К нам выбегает весёлая собака породы «бешеный урод». Она орёт на меня, будто мы женаты. Я машу ей кулаком, Ляля счастливо с нас хохочет.

После собаки опять кусты, забор, и вот мы въезжаем в вечно летние асфальты дворника Виталика Сиреневый Туман. И скребём о них днищем.

Дальше очень технический текст, следите за пальцем. За зиму в санях протёрлись промоины. Сани загребают снег и складывают пассажиру под попу. А потом высыпают назад, на асфальт. Таким нехитрым способом контрабанды осадки проникают на территорию дворника-параноика. На чистом тротуаре под давлением Ляли загрёбанное выжимается обратно. За санями на асфальте остаются две полосы. Белые на чёрном, очень марсианские на вид. Будто инопланетянин с нездешним разумом принёс охапку снега и нагадил неземное послание.

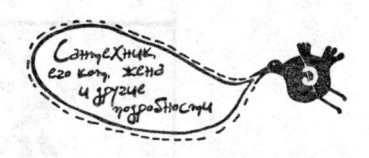

Я бы мог купить сто новых санок. Но я видел, с каким лицом Виталик сгребает неземные следы. Он непобедим и прекрасен.

— Все марсиане могут возвращаться назад в свою жопу, — словно говорят нам взмахи его бесстрашной лопаты.

Завтра я нарисую Виталику загадочные снежные круги и признаки посадочной полосы для тарелок. И подброшу записку:

«Виталик, прекрати стирать рулёжные знаки,
наши корабли вязнут в непогоде.

Твои Чужие»

Вчера, по пути на фигурное катание, Ляля вкусила от древа познания полную сумку французской косметики.

Как всё самое интересное в юности, это произошло на заднем сиденье родительского драндулета. Пока рулевая мать, Люся Незабудкина, рассыпала попутным машинам весёлые приветствия: «Идиота обрубок!», «Выбрось свои права!» и «Куда прёшь, обезьяна вислоухая!» — Ляля изогнулась, подтянула сумочку, вытащила добро, зло и быстренько всё познала.

От раскрывшихся в косметичке перспектив девочка счастливо и тихо заскулила. В полный голос скулить было глупо, родительница бы услышала и захлопнула перспективы. Как мать и как женщина она человек хороший, только жадный до косметики. Даже непонятно, с чего.

Сантехник, его кот, жена и другие подробности

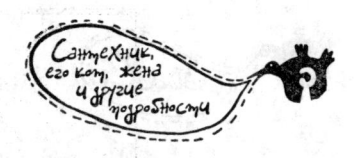

Помаду мы уже год как не едим. Иногда только сорвёт башню, нападёт странная необузданность, тогда, конечно, прощай тюбик.

Ляля пренебрегла зеркальцем, работала наощупь, руководствуясь лишь творческой интуициией и несколько льстивыми представлениями о размерах губ, глаз и щёк.

Для оформления нижней части лица она применила технику широкого мазка. Её живописной манере оказались присущи обобщенный контурный рисунок, условная упрощенность символов и яркая звучность отдельных цветовых пятен.

Светлые и прозрачные пейзажи правой щеки, динамичные бытовые сцены левой как бы воспели чувственную красоту и радость жизни. Композиция дышала поэтикой, игрой линейных ритмов и тонким колоритом цыганской свадьбы. Три широких чёрных полосы через лоб, по числу пойманных Люсей канализационных люков, как бы воспели вечное стремление души ввысь, к свету, святым угодникам Илье и Николаю или кто там у них производит косметические наборы Bourjois.

Глаза автор оформила с дерзким вызовом, слив в один компот аллюзии раннего Гогена, гротескный кич

глава СЭ

Лотрека и базовый принцип модернизма «Много туши не бывает!».

— Какая странная тишина! — вдруг насторожилась Незабудкина. И посмотрела, чтоб убедиться. А на заднем сиденье уже сидело всё, что думает Ляля о французской живописи начала прошлого века.

Поражённая красотой и чувственной мощью мирового импрессионизма, расцветшего там, где у других детей обычно видна голова, Незабудкина исполнила тройной ритбергер. Прямо за рулём. Окружающие водители приветствовали фигуру весёлыми криками: «Идиота обрубок!», «Выбрось свои права!» и «Куда прёшь, обезьяна вислоухая!».

Конечно, Ляле не следовало в таком виде показываться матери. Это была девичья беспечность. Мать тоже женщина, ей завидно. Надо было выскакивать из машины и бежать к людям, навстречу восторгам прогрессивных людей, понимающих высокий мейк-ап.

Незабудкина решила, что выпускать на лёд такое Боттичелли нельзя. Все ведь убегут и будет скучно. Внутренний Люсин Мойдодыр поклялся поймать искусство, подтащить к воде и превратить обратно в ребёнка. А горячую воду на каток не завезли. И водостойкая тушь дерзко рассмеялась в лицо внутреннему Люсиному Мойдодыру. Но и тот оказался не промах, и вскоре фигуристка Алика С. выкатилась на лёд с лицом, которое вы не сможете себе представить, если не видели позднего Моне. Ну, эти его пруд, кувшинки, солнечные блики на воде... Собственно блики и составили суть Лялиного образа.

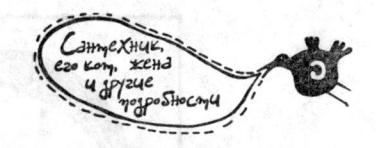

А сегодня Ляля сказала:
— Когда вырасту, стану дядей.
И я её прекрасно понимаю.

У Ляли в попе дырка. Это ужас. В молодости её не было. Но вчера Ляля выросла и пошла мыть попу сама. И нашла в себе ужасную новость.

И сразу наступило проливное горе. Слёзы по сто каратов прожигали ковёр, а на кафеле высыхали солёными розами.

В прежние годы, когда детство было не таким жестоким, а голуби вырастали с собаку, попой занимались специальные люди из числа обученной родни. Мыли чисто, но молча. А вчера Ляля проверила, чивой-то там, и мир стал сер.

Раньше-то хорошо жилось с весёлой, а главное, целой попой. Форма, цвет, аромат, звучание — всё было безупречно. Персики считали этот зад лучшим среди себя и старались подражать во всём. И вдруг, в самом центре датского королевства находится дырка, тревожная, как свист в ночи. Сразу сделалось неспокойно, а вдруг кто туда залезет? Или ещё хуже — выползет?

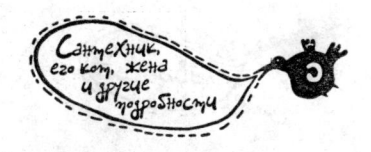

В романах про женщин пишут так: «Вся в слезах, с разметавшимися волосами, она кинулась к отцу». В литературе принято скакать к отцу всякий раз, едва заметив у мужа лишних детей от трёх тайных браков или, опять же, если негодяй-сосед-плантатор ворвался ночью, повалил и таки да, сделал в попе дырку.

Конечно, в романах перегиб. Ляля бежала не вся́ в слезах, а только по пояс.

Теперь про Лялиного отца. Это немногословный мужчина с романтическим шрамом на мозге. Всем известны его бескорыстная лень и дурная фантазия, превосходящая возможности бога. Например, только он умеет сфотографировать человека так, чтобы вышел чёрный квадрат, знаменитая картина. А когда готовит свинину с овощами, сам решает, класть туда фасоль или нет. И потом — выбросить всё вместе с кастрюлей или сначала выковырять мясо. Потому что интуиция в нём и сила духа. Именно он заклеил мячик изолентой, раз-

глава_СЭ

бил им люстру, подмёл и спрятал осколки в диван. Только такой отец сумеет помочь, если попа прохудилась.

Ляля аккуратно залила родителя по пояс, чтобы потом можно было написать: «Отец и дочь, все в слезах». И потребовала оценить ущерб визуально, повернувшись к миру передом, к отцу задом — посмотри, какая там, ужас!

Что дырка маленькая и даже симпатичная, не стало аргументом. Покой и воля не наступили.

Но совершенно внезапно, на 354-й странице, отец признаётся, что дыркозадость — это у них семейное. И он сам, и мать их Люся, и лохматая сестра Машка — все они не герметичны. Более того, пуканье — это не абстрактный голос из дивана.

При всей своей непостижимости, внезапный скетч из жизни ягодиц Лялю позабавил. Когнитивный диссонанс перестал быть таким уж диссонансным. Конечно жаль, что мы оказались не семья принцесс, зато есть тема для беседы со Светкой и Юлькой, подругами по младшей группе детсада. Вот они удивятся.

Ляля встретила на улице друга по имени Иван, он шёл с отцом в неведомую даль.

— Привет, Иван! — крикнула Ляля так, что с дерева упала ворона.

— Привет, Алика! — крикнул Иван в ответ, но как-то дохло.

— Папа, это Алика, которая всё время плюётся и показывает язык, — представил нас Иван.

Отец Ивана косо посмотрел мне в губы, будто ждал от меня неприятностей.

— Ляля, неужели ты плюёшься и показываешь язык? — спросил я громко и фальшиво.

Мне нравится иногда, на людях, притворяться приличным человеком. Ляля показала мне взглядом, что я трус. Настоящий друг на моём месте сам показал бы врагу язык и метко бы доплюнул. Так я узнал, что моя дочь вы-

глава СЭ

росла и в ней полно девичьей гордости, надёжно защищённой слюнями.

Наблюдая, как кот чешет ногой подмышку, вспоминал других женщин нашего рода. Они все ужасно гордые и вооружены слюнями и разным домашним скарбом по утюг включительно. И скорее почешут ногой подмышку, чем позволят мужчине решить важное: куда передвинуть шкаф, по какой дороге ехать к маме, не скисла ли сметана и что нет, разводиться нам ещё не пора. Мужьям нашего рода оставлены мелочи — борьба с кризисом и выборы президента.

Моя кузина Ира работала на Кипре официанткой. Вернулась, поскольку в неё влюбился хозяин ресторана, утончённый богач Антонио, а это (читайте внимательно!) не входило в её планы. То есть он моложе её, холост с самого рождения и образован. С точки зрения женской гордости выйти за такое невозможно, ведь что подумают люди. Хотя я знаю тут пару мужчин, они бы такой шанс не упустили.

Ирина бросает Кипр. Возвращается домой. Дома на второе сосиски, купаться в море мешают льдины, а трамвайных контролёров боятся даже вурдалаки и бегемоты. Такое женское решение называется в народе «хозяйка своей судьбы».

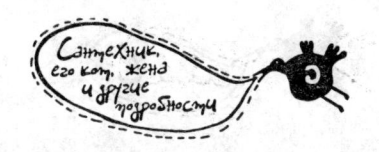

Антонио прислал письмо с предложением всего, что смог наскрести, — рука, сердце, ресторан. И по мелочи: тёплое море, безвизовый въезд на многие курорты.

«Ни за что не соглашусь, ведь я же не дура!» подумала про себя Ирина, чем навсегда убила любые наши допущения о женской логике.

Антонио прислал ещё письмо, там было больше страниц и в трёх местах чернели дырки от слёз, обугленные по краям. Она опять не ответила, потому что ходить замуж без любви ей не велела великая русская литература. Только за это, я считаю, Тургенева стоило бы защекотать до творческого паралича.

Тогда Антонио сам приехал. Загорелый, синеглазый, с волосатыми ногами. Подарил тёще цветы, назвал мамой. Хитрый чёрт, я считаю.

Ира сказала:

— Послушай, Антонио, ты милый, но выйти за тебя я никак не могу. На вот тебе борща. Поешь и езжай назад.

И дала ему ложку.

Послушайте, девочки, я много повидал. Если богатый киприот просит у вас жениться, не пытайтесь его отвлечь борщом. Это раздражает.

Антонио встал из-за стола и сделал такое, за что можно навек простить мужчинам их патологически волосатые ноги. Он швырнул ложку в окно (попал!) и заплакал. И сказал, что не есть приехал, а за невестой. И медленно так, рыдая, побрёл к выходу. А у гордых женщин нашего рода совершенно нет иммунитета против рыдающих богачей. Их глупое женское сердце, вопреки себе, всё ревущее жалеет.

«Да пошло оно всё в жопу, выйду замуж по расчёту» решила про себя Ирина. И я опять не понимаю, как относиться к женской логике.

Дальше в сюжете идут сопли с сахаром, я их терпеть не могу.

Это был единственный случай, когда абстрактный мужчина переубедил женщину нашего рода. И наверное, последний. У меня теперь есть родня на Кипре. Моя тётка ездила, говорит Ирка сама руководит рестораном, учится бросать в окно ложки, но ещё ни разу не попала. В народе это состояние называется «счастливая дура».

У нас было принято драться заборными досками. По субботам. Доски были частью нашей танцевальной традиции. После танцев полагалось оружие вернуть, откуда взял. Можно было не прибивать, хотя бы побросать под вишни. Селяне сами всё приколачивали на место таким гуманным способом, чтоб боевая доска легко отдиралась и гвоздей из нее не торчало. У нас очень культурная была станица.

Летом 1985-го чемпионом по фехтованию на досках стал Паша Пятаков. Его все боялись. Его сила была в несчастной любви. Понимаете, есть такие мужчины, они любят насмерть. Если их не допускать к родным коленям, они могут взорвать сельсовет, отдубасить дискотеку и совершить ещё много разных красивых глупостей.

глава_СЭ

Паша любил Лену. А она его игнорировала. Женщины вообще боятся мужчин с фантазией. Стоит раз поцеловать ручку её двери, заглянуть ночью в окно или украсть туфлю, чтобы было с чем спать в обнимку, — сразу убегают. Женщины трусят настоящих чувств, вот что я вам скажу.

Сначала Паша боролся с чувствами православным способом. Он много и убедительно орал на икону Николая Чудотворца, просил прекратить половодье чувств. После молитвы выходил с красной рожей и вспотевший, очень старался. Портрет оказался неисправен. Еленины колени стали грезиться Паше днём при открытых глазах.

И тогда он вскрыл вены. В тазу, как настоящий эстет. Не за тем даже, чтобы она шла за гробом с распухшим от слёз носом. Паше просто было невыносимо. Очнулся он в палате среди алкоголиков, под глазом синяк, в душе всё те же колени.

И тогда Пятак стал драться на дискотеках. Ну как драться: все люди как люди, а он вёл себя ужасно.
Знаете, у викингов в раю наутро отрастали новые руки-ноги, взамен отрубленных. Так вот Паша дрался,

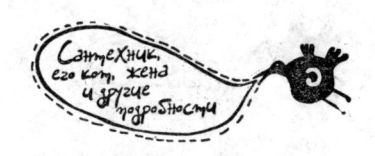

будто он викинг, уже умер и наутро всё вырастет вновь. А станичники ж не знали.

И деревенская драка стала делиться на два акта. В первом бойцы враждебных кланов вяло машут досками и обильно угрожают «щас как дать».

Во втором врывается Паша, гонится хоть за кем, а вся дискотека улепётывает. Потому что ну его, дурака, к чёрту.

Однажды Паша набегался по драке, но удовлетворения не получил. И метнул свою доску вслед трусливым негодяям. Паша был хорошим мечником, но как метатель досок страшная бездарность. Оружие перелетело поле боя и попало в непричастную девушку Таню.

«Ну ты и мудак!» — подумала дискотека.
— Ну я и мудак, — согласился Паша и два километра бежал до больницы с раненой Таней на руках.

Доктор сказал, пусть Таня полежит до понедельника, а то пусто в отделении. Паша два дня сидел с Таней, перевязанной в районе гипотетического мозга. И уже вот-вот история бы закончилась хорошо и ожидаемо, но

Глава 53

пришла Елена. В гневе. Она сказала, хватит её позорить, иди домой, картошка стынет. И добавила со значением, глядя в сторону:

— А то некоторые бабы совсем оборзели, готовы голову себе откусить, лишь бы захапать чужое.

Чтобы до конца прочувствовать эту историю о победе любви, включите скорее какую-нибудь слезоточивую песню и давайте плакать хором.

Если вы ненароком полюбили кота, вовсе необязательно на нём жениться.

Раньше я избегал с котами отношений, потому что не знал про них столько хорошего. И выращивал дома только два биологических вида: жену-человека и некрупных мух. А когда встречался глазами с бездомным котиком, вспоминал про блох и оборванные занавески. И оставался твёрд.

Другое дело ангелы. Не разводить ангелов я не обещал. А это как раз был ангел в образе кошачьего ребёночка. Он из скромности притворялся котиком, но меня не проведёшь. Я сквозь шерсть и когти различаю всех, кто суть смирение и добродетель. И в быту пахнет белыми нарциссами. Он сидел на

глава_СЭ

лестнице у двери и вежливо поздоровался одними ресницами.

— Смотри, кто к нам пришёл, — сказал я Люсе.

Люся знает про мою твёрдость. Она подумала, я рад котёнку, потому что сейчас его съем. И стала защищать животное с наивной женской хитростью.

— Давай, — говорит, — пусть он сегодня останется, а завтра мы повесим объявление в подъезде, вдруг это соседи себе на ужин купили.

Я предложил временно присвоить коту какое-нибудь незатейливое имя, например, Певица Женя Отрадная. Это очень воспитанная певица, давно хотел себе такую, но вряд ли мне разрешат принести её в дом. Люся избегает заводить певиц без родословной. Они-де блохастые, всюду гадят и лазят по столам. И катаются на занавесках. И мы назвали кота Пётр Ильич Чайковский, очень логично, по-моему.

В четыре утра Пётр Ильич выкопал в паркете ямку, и в доме запахло моей нетвёрдостью. Я весело спрыгнул с дивана и пополз искать. Искал-искал, искал-искал, — нету. Запах есть, а источника нет.

Сантехник, его кот, жена и другие подробности

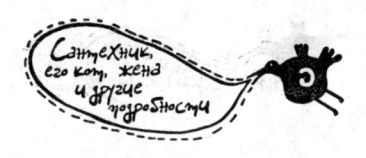

Опять искал-искал, думаю, всё. Надо звать кота и начинать душить-душить, пусть признаётся. А оказалось, он всё собрал, отнёс в ящик с песком и похоронил. То есть и правда ангел.

На следующий день мне придумалось оставить сантехнику и уйти в великие русские писатели. Только непонятно было, что отращивать сначала, бороду или парадигму русской духовности. Поскольку холода ушли, а грустные без кота соседи остались, начал с парадигмы.

И сел писать:

Объявление

Нашёлся котёнок. Цвет — леопардовый металлик. Ласковый, сзади небольшие бархатные яйца детского размера. Отзывается на имена Кузя, Тобик, Лена, Петя и Куда-вы-дели-пульт. Смешной, ночью кусает всех за пальцы ног. Кушает хорошо, на горшок сходил три раза, по нужде и просто так, из интереса. Умный, как Фейхтвангер.

Если это ваш котёнок и вам небезразлична его судьба, припишите здесь комментарий, и я раз в не-

Глава 53

делю стану вывешивать интересные истории про его личностный рост.

Меня теперь вот что беспокоит: если человеческий самец (38 лет, 85 кг, лысый) приносит с улицы котёночка, он ещё мужчина или сразу малахольный идиот?

Любой мужчина мечтает напиться, сесть не в тот самолёт и чтоб наутро Барбара Брыльска гладила его пальцем по щеке. Поэтому баня для нас больше чем баня. И ещё мне сказали: будет ужин, всё домашнее, поросёнок с яблоком во рту, огурчики, пирожки с черникой. И я согласился.

Баня маленькая, двухместная, мне выпало мыться с Колей. Гости смотрели нам вслед с пониманием. Все были в курсе, Коля родился и вырос в мартеновской печи. При виде тазиков он дуреет. В нём просыпается огненный монстр, демон веника и пара. А я ж не знал. Я шёл просто мыться и говорить о женской вредности.

глава_53

Он надел шапку, перчатки. По глазам было видно: надел бы и валенки — не было. Сказал, надо поддать. Поддавал, пока не взорвался градусник.

— Ну вот, теперь хорошо, — обрадовался Коля.

Меж тем в парилке настало ядерное лето, всё вокруг сделалось лиловым и малиновым, как на Венере в середине августа.

На всякий случай я показал Коле жестами, какой я несчастный. Как бы намекнул, что сдаюсь и готов уже перейти к пьянству, самолёту и Барбаре Брыльской.

Коля сказал, сейчас мы восстановим мне оптимизм. С трогательной заботой к моим неурядицам он взмахнул веником как-то по-самурайски. Примерно на втором ударе из меня выбежали все микробы, в том числе полезные. Тогда же открылась разница между баней и процессом распада ядра. И ещё я понял, кого из гостей планировали подать к столу с яблоком во рту.

На третьем ударе я отрёкся от гелиоцентрической модели мира в пользу плоской земли, плывущей на черепахе. Всё, говорю, Коля, никто нигде уже не вертится, только не надо больше вот этого.

Сантехник, его кот, жена и другие подробности

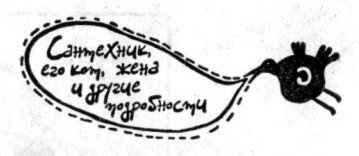

В ответ Коля показал, как делают припарки. Ну, которые мёртвым ни к чему. Конечно ни к чему. Кому ж надо, чтоб мёртвые бегали по бане, жалуясь на ожоги.

Потом, когда я всё-таки выжил и ел пирожки с черникой, складывая их в столбики по три, и все гости казались мне одной сплошной Барбарой Брыльской, Коля рассказал Очень Короткую Историю.

— Однажды я мылся со сталеварами. Думал, сдохну. Было очень жарко, ужасно. Этих мужиков в деревне называли «сталевары». Они вообще беспредельщики. Один выбежал с тазиком под дождь, его ударила молния, он ничего, дальше мыться пошёл.

Так сказал Коля и тревожно посмотрел на закат.

У маленьких девочек бывают дни сплошного несчастья. С утра ещё мёд в кашу налили как-то не так. Не могу объяснить, не так налили. Причём нарочно. Может, надо было нарисовать мёдом по каше ёжика, а вышел инь-ян. А на кой нам инь-ян, если надо ёжика. По любому, аппетит ни к чёрту, и настроение.

Потом, в саду, вместо жёлтой юбки выдали розовые шорты. Нормальные женщны за такое уходят в дождь в одной ночнушке, хлопнув дверью по голове всем этим мерзавцам. Но Ляля всех простила. И обиду ничем не выдала, лишь чуть оттопыренная губа стучала по коленям.

И почему, скажите, нельзя добавлять в компот горошек? Прекрасный горошек, красный, синий, полпачки пластилина на него ушло, всем бы пить и радоваться, — отобрали, наорали.

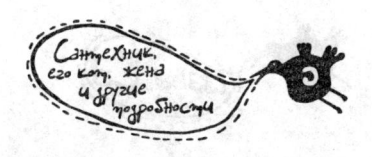

До ужина сплошная смурдятина. На ужин дали детскую национальную еду спагетти. Между прочим, если ребёнок немножко испачкал соусом брови, необязательно ржать и говорить: «Оближи их». Не семья, а лошади пржевальские, в эмоциональном плане.

А вечером Ляля слепила домик. Из одеял и табуреток — будто гнездо из веточек и пуха. Но Машка, пьяный гунн в жилище патриция, грохнулась на домик пузом. И сил на аргументы с цитатами из Канта не осталось. Предупредительно пнув сестру ногой, Ляля применила боевой укус, как в фильме «Чужой». Может помните, в том фильме нервный инопланетянин с раздвижными челюстями объяснял американской женщине Сигурни Вивер, что любопытство — грех.

Ляля сделала инопланетное лицо и, зачем-то глядя мне в глаза, потянулась зубами к Машкиной спине. Казалось бы, такое невозможно, человек не способен укусить вогнутый предмет, например внутреннюю поверхность сковороды. Это же детский рот, а не створки морского парома. Даже саблезубые, даже доктор Лектор начинали есть сестёр с других, более удобных мест. Поэтому отец (то есть я) сидел, смотрел и никого не спасал. Меж тем Ляля распахнула многозубую пасть на отрицательный угол и вцепилась любимой сестре в позвоночник. Потому что если ребёнок взбешён, он перекусает весь юрский период со Спилбергом во главе.

Маша орала очень громко. Ей показалось, что от лопаток до попы в ней теперь пауза. Я орал потому, что генерал-майор семьи должен орать. Если начальство не орёт, добру нипочём не победить. Ляля тоже орала, чтоб помнили, кто тут самая несчастная. Всё вместе это называлось «поиграть перед сном в спокойные игры».

После, конечно, мы мирно пили чай с баранками, приветливо показывали друг другу язык и грозили потом устроить. А всё оттого, что тёплый семейный вечер — очень широкое понятие.

В квартире 19 живут лучшие шорты микрорайона. Зовут Марией, 28 лет.

Вызывает нас однажды, садится на корточки и показывает рукой куда-то вдаль, под ванну, где темно и трупы тараканов. Там течёт, говорит.

И мы стали смотреть. Я — на женские колени, Игорь — на пейзаж в целом. Он в ногах совсем не разбирается, неандерталец.

Вид на Марию открывался чудесный. Холмы переходили в долины, долины бежали за горизонт, в декольте были различимы трусы, на такое можно смотреть бесконечно, как в водопад.

Мария, говорим мы, боже ж мой! Всё исправим, заменим на новое, заграничное. Если надо, выйдем в ночную смену.

Глава 53

Сантехники вообще отзывчивы к прекрасному. От позднего Модильяни по шорты Марии включительно.

Мария отвечает, хорошо, приходите завтра.
Потом я спрашиваю, Игорь, ты хоть видел, куда она рукой махала, где течёт-то? Вдруг там вишнёвый компот, или огурцы взорвались, под ванной. А он только вздохнул в ответ.

Вы не представляете, какие артефакты некоторые хранят под ваннами.
Например, одна старушка держала там дохлую кошку. И жаловалась на запах. Игорь пришёл — увидел — натошнил, с испугу. Выходит весь бледный. Извините, говорит, мы не можем исправить случившегося. Мы не боги, кошек воскрешать.

Так вот, про шорты. Когда мне с утра разбивают сердце, я весь день молчу. А Игорь наоборот, рассказывает случаи про любовь.
В армии ему повезло встретить женщину с огромной задницей. Но она оказалась холодна. Во время секса лузгала семечки. Игорь до сих пор не залечил рану в душе. Две жены сменил, а былое не отпускает.

Сантехник, его кот, жена и другие подробности

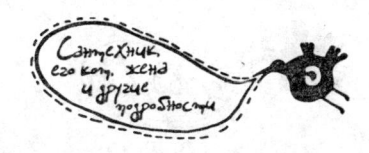

В прошлый его рассказ женщина вообще-то грызла яблоко, но это ничего.

А с другим нашим знакомым, Петей, она курила «Беломор». Я так понимаю, от неё многие пострадали.

От разных людей я слышал, как она во время секса:
— смотрела в окно с пятого этажа;
— читала роман, Кафку;
— говорила по телефону с мамой;
— насвистывала увертюру к Кармен композитора Бизе.

Думаю, это очень умная женщина. Ни с кем она не вязала носки на пяти спицах, что ужасно неэротично. То ли дело — курить, кусать яблоки, свистеть и смотреть в окно. Невероятно будоражит.

К обеду Игорь разволновался, стал проницателен, как дельфийский оракул. В квартире 32 отвалился смеситель. Игорь сразу понял: хозяева в ванной практиковали коитус, подруга держалась за кран и оторвала к чертям.

В квартире 53 пожилая алкоголичка Зинаида Петровна вышла к нам в атласных панталонах. Тоже специально. Соблазнить хотела, старая карга.

глава_53

И до самого вечера определял по походке, кого стоит клеить, кого нет.

Вечером я повёз его к проституткам. Они у нас вдоль шоссе стоят. Сам-то я ужасно стеснительный и нипочём не отдам поцелуя без любви. Ну, когда припрёт, пишу в интернете рассказы про чужую страсть. А Игорь после встречи с задастой женщиной иногда срывается.

Вот ездили мы, выбирали-выбирали, все страшные какие-то. Лучше на передовую, чем с такой целоваться. Даже наша Зинаида Петровна в атласных трусах краше. Потом видим, идут две, ничего себе такие. А это оказались обычные девчонки, только сильно матерящиеся. Тремя ёмкими фразами они погасили Игорю либидо на весь остаток лета. Ошибся, блин, оракул. И тогда, неусталые и недовольные, мы поехали домой.

Знакомая тётя влюбилась в троллейбусе, хоть её муж даже ещё не умер, а просто лежал на диване с газетой. Она вступила в преступную переписку, полную интимных подробностей.

(У меня полно знакомых тёть, живущих интересной жизнью.)

А её телефон в душе был демоном. Он тётины письма отправлял избранным родственникам, для ознакомления.

Родственники читали с большим интересом. Никто не возмущался. Всем хотелось знать, что скажет Луис Альберто в последней серии.

Тётин же свёкор решил: все эти страстные эсэмэс, «во сне целовала твои руки» и «всюду слышится твой смех» — всё ему. Он был принципиальный оптимист.

Глава 53

И надел галстук, купил тюльпанов, презервативов, побольше. Пришёл и говорит: так и быть. На всё согласен. Давай начнём новую жизнь прямо тут же, на кухонном столе.

В ответ тётя ударила свёкра итальянской сковородой Балларини.

Раненый точно в ум свёкор вернулся и наябедничал свекрови. И сразу у него на лбу стало два отпечатка, один итальянский, другой неразборчивый, неизвестной китайской фирмы.

Свекровь пошла к невестке, спросить о дальнейших перипетиях в сюжете. Они пили чай и расстались, довольные друг другом. Даже целовались. И все там довольны, даже муж лежит по-прежнему с газетой, в его рогах пауки свили город. Ему только газеты перезаряжают раз в сутки. Хороший муж, тихий.

У женщин фантастическая способность договариваться. Они убеждают и объясняют, не обращаясь к разуму. Они передают суть, не обременяя память деталями.

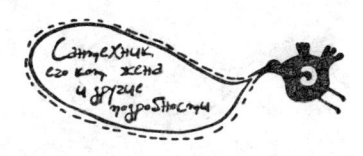

Вот например, Маша рассказывает про Пушкина. Путает термины, но смысл верен:

«Жену назвали нехорошим словом, и Пушкин вступился за её имущество. Тогда враги вызвали Пушкина на олимпиаду и стрела попала прямо в грудь. В общем, умер. И вот, папа, я всё хотела спросить. Что такое секс?»

Пассаж про Пушкина мне понравился, вопрос про секс не очень. Сам я представляю, что это за штука. Даже пробовал на себе, несколько раз. Но объяснить не возьмусь. Будь я женщина, передал бы в пантомиме. В крайнем случае, рассказал бы на примере нашей бабушки.

Но Маше 7 лет, ей рано знать всю правду. От неумения правильно, по-женски наврать, я нем и беспомощен.

Или вот. Один сантехник, Иванов, решил отомстить клиентке. Она недоплатила 200 долларов и сильно пошатнула веру Иванова в добрых фей.

За это он пробрался в подвал (жадная женщина живёт на первом этаже) и через лючок ревизии вставил в канализацию надувной шарик. И быстро-быстро надул. Кто не знает: шарик держит столб воды высотой в два этажа.

глава_СЭ

Назавтра удивлённый унитаз жадной женщины сам себе казался Везувием. Он извергался и рокотал. Женщина бегала по этажам, уговаривала соседей носить своё ка-ка на работу. Соседи обещали, а сами всё равно. По привычке. Потом вспоминали, конечно: «Ой, эта, снизу, просила пощады». Им становилось стыдно, но не очень. Потому что говно не подписано, поди разберись, кто предал. Вечером шарик лопнул, но Иванов отомстил ужасно.

А через неделю звонит Иванову другая женщина, с растерянным голосом. В унитаз упала серёжка. С бриллиантом. Фамильная. Стоит тридцать тысяч долларов. Если вытащите, получите десять процентов. Или даже пятнадцать. Только я её нечаянно смыла.

Прошло всего десять минут, а Иванов уже разбирал подвальные трубы, обращаясь к ним: «Вы ж мои бриллиантовые».

Он знал все места, где скапливаются тяжёлые фракции. Он сначала брезгливо ковырял палочкой, потом адаптировался, притащил сито. Как в фильмах про старателей. Через шесть часов унизительного труда возникло подозрение. Весь в результатах своих поисков, он побежал в квартиру заявителя, там сидела жадная женщина с подругой. Они пили кофе и глаза их были такие голубые, что Иванов понял: обманули! Только другими, более точными словами.

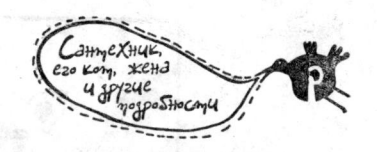

И я опять не знаю, что сказали женщины. Только Иванов не стал в тот день убийцей. Наоборот, теперь он пишет жадной женщине эсэмэс интимного характера. И недалёк час, меж ними случится то, что я испытал, но описать не в силах.

И кстати, так и не придумал, что сказать Маше.

Маша повстречала хомяка. Одинокий, прекрасный, как Джонни Депп и такой же нужный в хозяйстве. Он переползал дорогу в опасном месте. Рост средний, шатен, глаза грустные, холост. Он явно пережил травлю, непонимание и планировал умчаться вдаль розовым пятнышком на скате грузовой покрышки. Но встретил Машу.

Ну как вам объяснить про девичье сердце. Вот через дорогу ползёт Джонни Депп. Трезвый, несчастный, пушистый. Разве б вы не принесли его домой? Я бы — ни за что!

Теперь он живёт у нас в шкафу, в тазике. Из еды предпочитает хлеб, салат и немного туалетной бумаги на сладкое. Очень воспитанный.

Кот сначала думал, это мы ему принесли. Смотрел на нас с удивлением и благодарностью. Он с детства хотел хомячатинки. Ему редко приносят китайскую еду из ресторана — птиц, лягушек, хомяков.

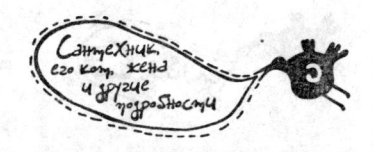

Коту объяснили газетой по ушам: хомяки нам друзья, а не жиры и витамины. Теперь кот считает, мы дураки ненормальные. Сегодня не жрём хомяков, завтра дружим с пиццей, целуем в нос сардельку и недалёк тот час, мы женимся на бутерброде.

Вот сейчас ручка двери поворачивается, как в кино про маньяков. Это кот хочет на себе доказать, хомяк — вкусный и полезный зверь. А дружить лучше с котами, они хотя бы обаятельные.

А ночью этот мешок какашек сбежал. Наш шкаф — отдельная комната. Там всё пропадает, особенно носки, которые ползают, вопреки заверениям производителя. Теперь вот хомяк.

Всю ночь осатаневший кот целовал дверь шкафа. Под утро стал биться в неё головой.

«Да что за жопа, опять травля и непонимание», — подумал хомяк и ушёл жить куда-то в район старой обуви. Пришлось пустить по следу сами знаете кого, у него встроенный GPS-навигатор. Кот быстро определил, какой из тапков содержит хомяка, получил газетой по ушам, ушёл на подоконник и теперь воет по-японски: ай-йо, ай-йо.

Люся сказала, этот хомяк — женщина. Господи, а вдруг он ушёл из дому, потому что забеременел и боится признаться отцу? Теперь родит шестнадцать разноцветных младенцев неизвестно от кого. Я не думал промышлять хомяками в ближайшие годы.

Столько событий, столько событий, пойду на работу, отдохну.

Сейчас три часа ночи, хомяк громко кушает железную клетку. Ему вкусно. Он чавкает.

Знаете, я хотел бы и дальше писать про чёрствый мир длинноногих женщин. Или из жизни сантехников, ироническое. Или кулинарные тонкости — отцу на заметку: «Дети любят воблу с чаем, а пиво отвергают».

Но теперь это дневник хомяковода, ничего не поделаешь.

Три дня назад он как бы сдох. Были все приметы. Клетка брошена на солнце, в ней лежит хомяк, лицом вверх, лапы скрестил и улыбается. Такой безмятежный, что никаких надежд. Мне сказали, они нежные как вампиры, мрут от тепла и солнца. Я трогал пальцем тёплый пузик и не знал, где найти такого же, пока Маша и кот не расстроились.

Когда-то в Риге была клиника по хомякам, частная. Туда сдаёшь простуженного, с оторванной лапкой, простреленного насквозь хомячка. Назавтра забираешь — он уже здоров. И как раньше, не отзывается на имя, значит тот же.

Лечение стоило дороже норковой шубы, но мы в ответе за тех, кто так забавно грызёт по ночам железные предметы.

Я покатал усопшего в ладонях, пульс не нашёл. За ногу понёс в мусорник. Тут он открыл глаза и что-то такое сделал ртом, может, они так зевают, непонятно. И ещё он посмотрел так, недоверчиво, что ли.

Понимаете, Маша с ним играла, играла на износ. Он очень устал. Проснулся — уже всё, несут на помойку.

Думаю, я не первый хозяин в его жизни. Может быть, пятый. Он очень крепко спит. Ему главное потом выбраться из мусорного бака, когда снова недопоняли.

Сантехник, его кот, жена и другие подробности

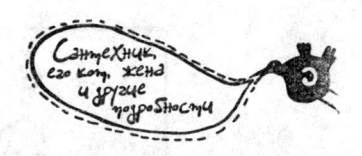

С его зубами это просто. Граф Монте-Кристо таким оборудованием сточил бы замок Иф, скалистый утёс, одежду и личную утварь тюремщиков всего за неделю. Графа бы выгнали из всех тюрем с пометкой «грызун и сволочь».

И ещё эти зубы, они ядовитые. Укушенный фотоаппарат мгновенно умер. Поэтому я не могу его сфотографировать и показать. Возьмите сами в интернете харю абстрактного хомяка. Если интересно. Всё равно они имён не различают.

Хорошо Александру, он врач, брюнет и композитор длиной 192 сантиметра. За одно это женщины мечтают зарыться носом в его свитер. И позволяют ему не уметь вкручивать лампочки.

Конечно. Если ты красив как гвардейский конь, можешь и мусор не выносить. Просто сиди в кресле, пей шабли, регулируй доступ к свитеру.

То ли дело мы, невзрачные крепыши. Нас не мучает вопрос, куда деть сотни изнывающих от любви женщин. Никто не сморкается нам в свитера даже за деньги. Привлечь внимание какой-нибудь пастушки мы можем, лишь приковав её к батарее. Мне, например, приходится быть сообразительным и даже искромётным. И проницать устройство опасных бытовых механизмов.

Сантехник, его кот, жена и другие подробности

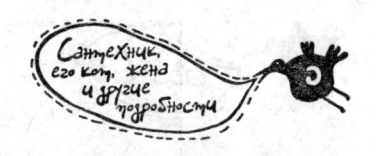

Поэтому я разбирал диван, а Бекназаров, эта красивая, но тупиковая ветвь эволюции, допивал шабли. Потом я пошёл в душ. А он лёг и всё сломал.

Над Москвой меж тем вставало розовое утро.

Понимаете, это была наша общая кровать. Так сложилось. В чужом городе, в гостях. Мы делали вид, будто ничего такого, два самца в одной постели. Время тяжёлое, кроватей всем не хватает, у мебельщиков неурожай.

С Бекназаровым, кстати, спать нормально. Он почти не храпит. Он почти идеал, на женский вкус.

Так вот, Александр сломал нашу кровать, пришёл к ванной и стал жаловаться сквозь дверь. Родись он невзрачным крепышом, сам бы и починил. Но он большой и красивый. Поэтому без меня не может. Я ловлю нам такси, читаю надписи в аэропортах. Объясняю, что «50» в маршрутке это рублей, а не евро. И ремонтирую всё, к чему он прикасался.

И вот стою в душе, а он тревожно так орёт:
— Слава! Слава!
И дальше невнятное, про неудачную конструкцию мебели, что хочется спать, все ушли и почему я не отвечаю.

Глава 53

Любая речь сквозь дверь неразборчива. Как-то жил я в общаге с одной пастушкой, а за фанерной стенкой ночевала семья алкоголиков. Они разговаривали, и мы разговаривали. По утрам женщина-алкоголик делилась:

— А я своему говорю, помолчи, дай послушать, о чём люди говорят. Ведь что интересно, Вячеслав, голос ваш слышен, будто вы напротив сидите. А слов не разобрать. То есть совсем.

Зная такое свойство фанеры, мы с пастушкой болтали вслух о чём угодно, а любились только шёпотом.

Так вот. Я не понял сквозь дверь, чем не понравилось Александру это розовое утро. Подумал только, что хочу побыть один, хоть недолго. И не открыл ему, и не ответил.

А когда вышел, он уже спал на руинах дивана, как усталый моряк на обломках шлюпки.

Дальше была неприятная сцена. Я ругался высоким голосом: «Вставай-сволочь-сколько-ты-будешь-пить-мою-кровь!» Тряс его и пробовал стащить за ногу на пол. Подробнее вы можете посмотреть в фильме «Бриллиантовая рука», где Нина Гребешкова будит пьяного Никулина и спрашивает про пистолет и деньги, откуда это. А Никулин отвечает очень логично: «Оттуда!».

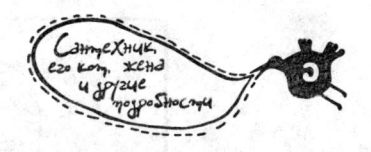

Я дулся потом на него до самой репетиции. Но Беkназаров, мало что врач, брюнет, 192 сантиметра и композитор. Он же ещё и баритон. Как на такого сердиться. Помирились, конечно.

Знакомый художник по паркету прятал в трусы отдельные фрагменты своего творчества. Ему не разрешали ничего выносить с работы. Три года задница пылала от заноз. Зато теперь его личный пол дороже всех квартир подъезда. Мозаика из редких пород дерева. Он в гостиной выложил готическими буквами имя жены, а вокруг такие, как бриллианты только из дерева.

Теперь окон не открывает, чтоб не повело. Сквозняк паркету вреден. По углам градусники и гигрометры. Следит за температурой (должно быть 22 градуса) и влажностью. Постоянно в напряжении. Мебель на войлочных подушечках.

А жена ушла, к таксисту. Ей в браке дороже оказалась возможность трахнуть об пол банку маринованных помидоров. Она неделю там уняться не могла. Роняла невзначай мокрое, режущее и горячие блины. И форточки открывала и закрывала хаотично, без всякой системы. Издевалась над линолеумом как могла.

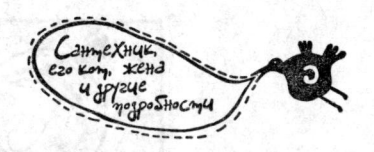

Или наденет каблуки и ходит. Ей нравилось, какой таксист не нервный абсолютно.

Вчера, в половине пятого, Ляле открылась тайна происхождения нашей семьи. Знание поступило прямо из космоса, в перерыве между сосиской и компотом.

Пересказываю.

Мать детей моих Люся Незабудкина жила всегда. Она вечная.

Первым она родила меня. Потом Лялю. Мы с Лялей хорошо играли, но вдруг я родил Машу, эту вредную сестру.

Потом Незабудкина родила кота Чуню. Чуня в животе щекотался усами, Люся от этого хохотала.

Так сказала Ляля и весело посмотрела в компот. Ляля, когда рассказывает новости про котов, всегда радуется.

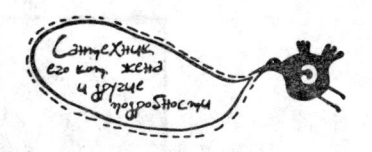

Я тоже съел сосиску, но умней не стал. Ничего такого по крайней мере.

В моём мироздании люди по-прежнему слеплены из еды и скандалов, мыши родятся из забытых под диваном носков, а плоская Земля плывёт на черепахе. Если в песочнице рыть яму, упрёшься в твёрдое, это панцирь.

В субботу ездили на край плоской земли, у нас там был концерт. Бард Саша нашёл себе жительницу края земли Люду, в прозрачном костюме. Бард Вова обрёл трудное счастье в лице педагога Светы. Света за искусство готова на многое, особенно пить кровь холостых бардов.

А меня повстречал пожилой поэт Василий. Он до ночи читал мне в грудь поэзию и все приличные женские ноги распугал какой-то сатанинской икотой.

Моему небу жалко для меня женщин. Надеюсь, оно бережёт моё либидо для каких-то крупных мероприятий. А может, просто ем не те сосиски.

Первую помощь оказала Люсьен. Она позвонила подруге Наташе.

У Наташи медицинский диплом, скорее всего Наташа его украла, перебив охрану на заводе дипломов. Других объяснений, откуда у неё диплом, я не нахожу.

Наташа спросила, как выглядит больной.
— Лежит и кашляет, — ответила Люся.
— Это грипп, — сразу поняла Наташа, — дай ему ремантадин, побольше.

Я на пальцах показал, как к тому же драматически охрип, что горло в огне, миндалины как фонари, лимфоузлы как жабры, но танец моих гибких рук никого не взволновал. Если б мне оторвало ногу, а из спины, дымясь, торчал топор, они всё равно б решили, что это грипп, только в запущенной форме.

Сантехник, его кот, жена и другие подробности

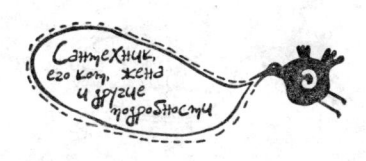

— Насыпь ему на раны ремантадин, — сказала бы Наташа, — побольше!

Утратив доверие к Люсе, я договорился с Машей на горчичники. Их надо было наложить три штуки: один в центре, и два латерально, в области подключичных борозд.

По нарисованным на груди крестам Маша видела, куда бомбить. Мы сложили горчичники в кипяток, сосчитали до пятнадцати. На последнем счёте Маша вдруг хватает всю кастюлю и бежит прочь, хохоча. Родителей лучше всего лечить юмором, думает Маша. Я с обнажённой грудью, в нарисованных крестах, кричу: «Вернись немедленно, гадкая девчонка!» — и ещё что-то такое, про ремень и попу.

Маша возвращается. По команде «давай!» с размаху заклеивает мне пупок, что на полметра ниже всех ориентиров. Ей всё равно, в каком месте ремонтировать отца, отец ей дорог целиком.

Потом приходила родная сестра. Принесла «чай из исландского мха». Я его три дня пил, а он оказался от анорексии. Теперь и ночью снится, как я ем.

Интернет посоветовал взять на кончик ножа красного перца и аккуратно высыпать «на спинку языка, где меньше вкусовых сосочков».

Потом быстро запить препарат тёплой водой. Обещался быстрый, яркий эффект.

На случай, если организм решит вдруг чихнуть с ножом во рту, яндекс советовал применять нож столовый, круглый со всех сторон. В противном случае возможна внезапная ампутация гланд, чего-то я к такому не готов.

Намотал шарф, пошёл в клуб музицировать. Там сразу три шатенки похвалили, сказали, какой я в шарфе милый. Собственно, кроме этих трёх женщин ничего хорошего в ангине и нет.

Каждую пятницу мы с мужиками ходим играть в одно кафе, хоть оно ни в чём не виновато. У нас традиция, дарить своё искусство всем, кто не в силах отбиться.

Местные считают это кафе нехорошим местом. Многие в ночь на субботу уезжают, похватав самое дорогое, в основном котов. Кому бежать некуда, те потеряли интерес к размножению, верят в добрый метеорит, чей прилёт однажды избавит мир от бардов и особенно — от ленинградской фабрики кривых гитар, из-за которой всё началось.

В кафе работает барвумен Галина, она раньше танцевала в «Тодесе». Так вот, если вы пришли хулиганить, Галина аккуратно навтыкает вам по печени и почкам своими танцевальными ногами. Она никогда не ждёт, пока мужчины-барды встанут и запоют песню-протест в защиту барменш и посуды. То есть нас Галина могла бы отметелить даже лучше метеорита, но почему-то терпит.

По пятницам я возвращаюсь поздно, в четыре часа субботы. И сразу хочу спать. Кот щурится на меня левым-правым глазом по очереди, ему после темноты ярко смотреть. Потом я в кровать, а у него уже нет настроения. Вчера он раздобыл в плинтусе шуруп и стал играть в хоккей.

Послушайте, мой кот кричит «GOAL!!!», если игра проходит ночью. А днём не помнит.

Во-вторых, в природе нет явлений громче, чем огромным шурупом по паркету. Это ещё хуже, чем уронить рояль или паровоз в какой-нибудь железный таз. Я бросил в кота подряд три тапка. У меня не было под рукой другого оружия от бешеных котов. Потом задумался о парности мужских ног в эту раннюю субботу, и многое не совпало. Так, перемножая в уме тапки с ногами и уснул.

Утром не нашёл ни шурупа, ни тапка. А в обед мне прислали фотку, на ней мы с Володькой напряжённо клеим какую-то кралю.

Сантехник, его кот, жена и другие подробности

Так вот, кралю я тоже не помню. Это очень обидно, когда у памяти провал как раз в том месте, где по документам должна быть блондинка. И я бы не прочь вновь найти эту женщину, спросить, чем ей было плохо в моём вчера.

Тётку из 32-й квартиры прозвали «Батарея капает». Летом всему дому меняли радиаторы. Всем обычные, а ей выпал прибор отопительный повышенной мерзости. Он капал внутри себя противным звуком. Тётка ворочалась до трёх ночи, потом послушно шла спать на кухню. Сделалась раздражительной, ходила непричёсанная такая, с жёлтыми зубищами.

Капало очень коварно, раз в две минуты. На краю засыпания. Только сознание отъедет, сразу: кап! — жестяным и едким капом. Днём почти не слышно, а ночью прямо в мозг.

Тётка из 32-й не была трусом. Если погибать, решила она, то пусть все знают, от чьих рук я сошла с ума.

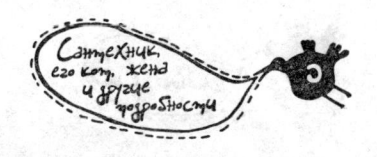

И скоро весь дом и район узнали, где установлен самый подлый в мире радиатор. Шесть сантехников разной степени ума искали лужу, лично управдом искала, один инженер-теплотехник приходил, пукнул в тишине и ушёл. За полгода поисков нашли много навек пропавшего, вывели тараканов, только лужу не нашли.

— Я же говорю, она капает внутри себя, — объяснила пострадавшая этот загадочный случай.

И вот ей посоветовали применить для поисков лично меня. А я уже семь лет как ушёл из большой психиатрии в сантехнику. И как раз чтобы не общаться больше с хозяйками бесноватых батарей, говорящих пылесосов, телевизоров с чёрной душой и других удивительных устройств. Но я вспомнил, как мне не давал спать кот, и согласился.

Мы стояли, слушали. Сначала, конечно, загудели животы, мы сделали вид, что это не наши. Подождали ещё. И вот со шкафа, где часы и заросли портретов родственных этой тётке вурдалаков, раздался чёткий «клыц». Его сказали часы. Знаете, такие, где вместо маятника шарики крутятся. При смене левых вращений на правые в часах кто-то икал.

Глава СЭ

Тётка не хотела верить, пыталась уговорить меня на полтергейста, раз это не батарея. Капающие в мозг родные часы разрушали её картину мира. Но их вынесли на кухню, и капель прошла. Значит точно, они.

Тогда я сказал:

— Послушайте, давайте не скажем никому про часы, а скажем, будто я починил батарею.

Тётка обрадовалась и скрепила нашу тайну большой такой купюрой.

Теперь, став богатым, я хочу сказать, если б не сбежавшая из воспоминаний блондинка, я был бы совсем счастлив.

Самая моя прекрасная, я невыносимо, лопни моя голова, как хочу с тобой говорить, прямо сейчас. Но тебя нет нигде. Поэтому вот письмо. Слушай.

Нас был целый совет директоров. Я заведовал маркетингом. Иногда нам приносили новый кетчуп, утверждать. Это был такой эксперимент на живых директорах.

Макать туда сосиски считалось моветон. Настоящий, фильдеперсовый директор наливал кетчуп на большой палец, как соль для текилы. Мазок следовало нюхать с трёх сторон, лизать. Потом полагалось смотреть вдаль тревожно, чмокать и говорить, что боже, какая в этот раз получилась грандиозная, бесподобная, потрясающая, удивительная дрянь!

Глава 63

Директор по логистике ещё требовал писать в резюме только матерные слова. Иначе, говорил он, наши экспертные оценки кажутся лестью. Для убедительности вскакивал и яростно полоскал рот. После этого рецепт утверждали.

У нас было пять заводов по всей стране. В каждом две трубы. В первую втекала бурая жижа, три поезда в неделю. Вытекало столько же, никто не хотел эту жижу воровать. Во второй трубе, кстати, текла уже иная, ярких и чистых расцветок жижа.

Всё красное и бордовое мы назначали быть кетчупом. Желтое и белое — майонезом. До сих пор не понимаю, как из одних химикалий получались два таких разных на вид говна. Ну да я же там не алхимиком служил.

Моя работа была выколачивать деньги из еврофондов под дурацкие проекты. Например, 50 тысяч евро на разработку этикетки маринованных огурцов. Папка объяснений — почему так дорого — весила полтора килограмма. Там были гистограммы, слова: фокус-группа, стробоскоп, стохастическая функция, читабельность бренда, скорость распознавания шрифта, психофизиология восприятия цвета и любимая моя фраза:

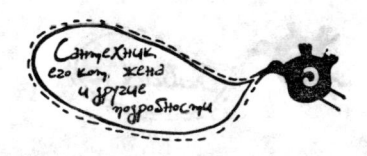

«Треть нарисованного огурца рождает больше огуречных эмоций, чем целый живой огурец».

Я клялся создать этикетку, от которой всё живое полюбит огурцы. Толпы огуречных зомби зашагают по улицам. Семья, старушка мать, синие глаза доктора Хауса — всё будет забыто и проклято, стоит жертве угодить в зону действия нашей разработки.

На последнем листе был намалёван эскиз вероятной этикетки с пятном от пиццы. Это финансовый директор уронил свою порцию, прямо на полотно. От удивления. Наш художник Ваня-алкоголик срисовал треть огурца с фаллоса в разрезе из книги «Анатомия патологий». Другой книжки с примерами огурцов у Вани не нашлось.

Никто не верил, что Европа даст денег. Но она дала. потому что добра к искренним идиотам.

Тот год был огуречным. Их уродилось до жопы, если измерять мной, гуляющим в огурцах посреди склада.

Директор по производству придумал способ сэкономить сорок копеек на каждой банке. Надо отменить охлаждение. Заводской огурец заливают кипятком и

слава_СЭ

быстро охлаждают. Тогда он хрустит. А неохлаждённый огурец потом на ощупь, как детские сопли. Но мы же не знали. Горячие банки грузчики складывали в кубы и заматывали целлофаном. Через неделю банки из центра куба всё ещё хранили тепло. Ими можно было греть радикулиты, насморки и почечные камни, только неудобно.

Наш варёный огурец не разрешал колоть себя вилкой. Это был призрак огурца, магнитные поля, похожие на огурец. Огуречные прах и тлен. От малейшего касания он рассыпался на атомы.

Но всю партию раскупили за месяц. Зелёный в разрезе фаллос поперёк этикетки делал своё дело. Женщины на него так и пёрли.

Это была отличная работа, директором. Но вдруг у меня родилась Машка. Она оказалась самым лучшим на свете огурцом. И я пошёл в сантехники, чтобы каждый день в пять быть дома.

Сначала сильно не хватало денег. Как-то под утро даже приснился способ вновь разбогатеть. Надо было купить в лабазе свиных почек и продать как свои. А что.

Сантехник, его кот, жена и другие подробности

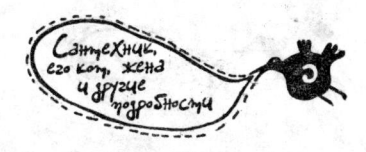

Я знаю многих людей, им свиные почки были бы к лицу. Я даже смеялся во сне, радуясь своей находчивости.

Мне удалось устроиться в одну контору, менять канализацию в многоэтажном доме. Мы вешали объявления для верхних жильцов «Просьба не какать, внизу работают люди». Люди — это мы про себя. Но некоторые рассеянные жильцы сначала какают и лишь потом думают, что под ними работают люди. Поэтому мы работали в паре, один держал ведро, второй, очень быстро, делал всё остальное. Зато в пять — дома.

Мой напарник Андрюша сказал, я не умею выбивать из населения деньги. Но это ничего, он меня научит. И вскоре нам попалась бабка, не желающая платить за работу. На словах «двести долларов» она ответила, что у неё шизофрения, и вышла из контакта с нашей цивилизацией. И впредь, случайно встретив нас в подъезде, вела себя так, будто у неё сразу три шизофрении по всему телу.

Я предложил Андрею составить для бабки пояснение, почему двести баксов. С гистограммами, с фокус-группой, стробоскопом и стохастической функцией. И с любимой моей фразой:

«Треть нарисованного огурца рождает больше огуречных эмоций чем целый живой огурец».

Но Андрей пошёл другим путём. Этажом выше он вставил в канализацию такой тройник, через него можно было орать в трубу, не боясь обляпаться. По его планам, однажды бабка зайдёт в санузел по делам, а из унитаза голос:
— Отдай деньги, старая дура!
И правда, раз в час ходил, прикладывался к раструбу и орал, орал в него.

Зато теперь я единственный в Прибалтике сантехник, играющий в академическом театре прямо на сцене, прямо с ролью, в целых двух спектаклях. В мае у меня гастроли в Париже и Бресте. Ещё веду блог в ЖЖ. Умею жарить мясо, на окне выращиваю лук.

Теперь ты расскажи что-нибудь. Желательно, чтоб упоминались твои голые ноги. И это, я очень скучаю.

Кот написал в женский сапог. С его стороны это был мужественный и дерзкий поступок.

Видите ли, женщина из этого сапога способна покорить и изувечить Антарктиду, если расстроится. Избы и кони, лишь её завидев, прекращают гореть и скакать. Даже я, известный на районе смельчак и хулиган, нипочём не стал бы писать ей в сапог.

С утра эта опасная женщина накрасилась, надела дублёнку и сунулась ногой в кошачий поступок. И как-то сразу поняла: кризис добрался и до неё. Судя по лицу, ей хотелось оторвать испорченную ногу от бедра по сапог включительно и похоронить как Нагайну, тут же, на мусорной куче©. Но сначала, конечно, потренироваться **на котах и котозаводчиках**.

глава_СЭ

— Я куплю тебе такие же! — успел выкрикнуть я, чем спас много жизней.

Тогда она, вся в макияже и дублёнке, сняла чулок и стала мыть ногу прямо при свидетелях. О, это было, как рассвет на горе Фудзи! Будучи ценителем всего прекрасного, я в мыслях поблагодарил кота за такое волшебное утро.

У неё три плюса. Про первый не скажу, у каждого из нас есть свои эротические слабости, даже у сантехников.

Второй плюс созвучен с песней «Мыла Марусенька белые ноги».

А третий — она держит в моём шкафу запасную обувь.

Уходя, женщина улыбнулась мне и подарила чек от сапог. Послушайте, это оказались сапоги-кабриолет с полным приводом, кожаным салоном, золотым рулём и аудиосистемой Bose, если верить чеку. Я три раза их осмотрел, искал, в чём тут правда. Я разлюбил белые ноги по утрам и обозвал кота говном. Я мыл пострадавшее голенище щёткой и кокосовым мылом, мне хотелось сэкономить на новую квартиру. Сушил на батарее, завернув в наволочку. Сапог перестал вонять, но стал похож на останки пегой коровы, погибшей от удара молнии. Его чёрная краска перелезла на мои руки, и, судя по всему, это навсегда. И ещё, он отныне хрустит. А был велюровый, вот только утром.

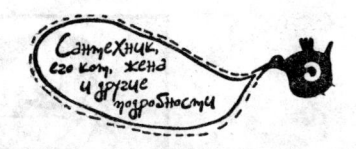

Теперь у нас с котом есть свои женские сапоги, 39-го размера, один чёрный, другой ржавый. Завтра я посажу в них кота и не знаю, где он найдёт людоеда, но чтобы к обеду у меня были замок, принцесса и ослик. С детства хотел ослика завести, милые они.

В двенадцать лет я открыл для себя удивительный мир секса по имени Елена. Ей было тринадцать, скоро четырнадцать. Она знала теорию и хотела проверить на себе. С тех пор на словах «когнитивный диссонанс» я вспоминаю её синие глаза. Она рассказала невероятное. Например, мужская пися так волшебно устроена не только чтобы узоры на снегу рисовать. Я был потрясён.

Три дня я трусливо уклонялся. У меня были другие жизненные ориентиры. Она шептала волнующие истории из жизни Клеопатры. На четвёртый день спросила прямо, друг я ей или как. Так, спасая товарища, я ступил на скользкую тропу интимных отношений.

Телевизор моего детства учил, как врать Мюллеру при встрече, и никак не освещал механику грехопадения.

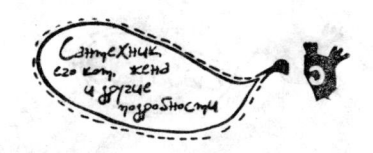

А нам приспичило погрязнуть. Камасутру на русский ещё не перевели. И мы не знали эти триста невероятно удобных поз, подарок индийских гимнастов советским пионерам. Поэтому легли на бок, укрылись одеялом и приступили.

Дальше было непонятно.

Она закрыла глаза и улыбнулась. Похоже, ей сразу стало нормально. Но мой одноглазый змей ещё не проник в шалаш застенчивых ирисов. Насколько я его знал, он не смог бы найти без меня дорогу. А сам я ничего в Лене не узнавал, наощупь. В те далёкие годы я с трудом разбирался в неосвещённых женщинах. Что под одеялом казалось одним, на свету могло оказаться коленом. Тут она опять сказала, что это кайф. Я подумал «ну и ладно». Лена мне нравилась как человек.

И долго потом ещё верил, что цвет, размер и упругость не важны, а важно наше мужское обаяние. С этой верой я оставил большой секс на долгих восемь лет. Потом меня забрали Родину сторожить.

В казарме по ночам проходят познавательные диспуты.

глава_СЭ

Темы такие:

1. У женщин какой народности самые маленькие эти штучки.

2. Куда надо нажимать на женщине, если она пытается откусить вам петушка.

3. Как подручными средствами продезинфицировать проститутку эконом-класса.

4. Десять способов склонить к адюльтеру стюардессу, которая замужем за первым пилотом.

5. Как одним взмахом языка заставить её прыгнуть на стену.

6. Ещё другие способы заставить её прыгнуть на стену.

Я так понял, главное в сексе — чтоб она прыгнула. Прыжками женщина даёт понять, насколько вы ей симпатичны. Других способов благодарить они не знают. Так гласит военная теория секса. Если стена осталась не запрыганной, это фиаско.

(Вот тогда-то я понял, Лена мне врала!)

И хоть я не спрашивал, мне рассказали пару верных способов.

Пересказываю часть, вдруг кому пригодится.

Сантехник, его кот, жена и другие подробности

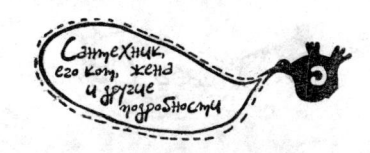

1. Первый метод, опасный. Возьмите в правую руку нож, в левую своё половое отличие от женщин. (Извините, у меня кончились синонимы.) Рассеките самый кончик на четыре дольки и месяц не давайте срастись. В эрегированном виде он станет втрое больше и будет похож на розу. Это и красиво и необычно. И прекрасный повод для знакомства, вы сможете заинтриговать самую нелюбопытную женщину. Но надо знать меру. Сержант Степанов рассказал, один казах разрезал на двенадцать долек, и его несчастье потом не вмещалось в эмалированную кружку. Посмеялись.

2. Вживление в член конского волоса. Поймайте живого коня, нарвите из него волос. Обмотайте свою кеглю. Через месяц волосы приживутся, можно будет их подстричь красиво. Такой лохматый прибор ничем потом не сотрёшь из женской памяти. После встречи с ним женщина сама готовит завтрак и опять спешит в постель. Кричит «ещё!» и «скорей!» И конечно, вся стена в следах её прыжков.

3. Саня из Воронежа сказал, лучше выточить специальное кольцо на член, продеть леску и будет не хуже. Главное — не потерять кольцо всевластья там, в пещере. А то выйдет как с Горлумом, срам один. Саня заверил: женщины от кольца тоже прыгают отлично. Мы обратили внимание, Саня искал лёгких путей. Он избегал страдать за любовь. Его пораженческий подход вызвал у нас горькую усмешку. Некоторые себялюбы невероятно эгоистичны, не готовы жертвовать ничем ради женского счастья. Из-за таких, как Саня, женщины думают о нас бог знает что.

4. Лучший способ. Конечно же, это член с ушами. Поймайте мышь, отберите у неё уши и вставьте в прорези на члене. Прорези следует приготовить заблаговременно, отвёрткой. Скальпелем нельзя. От скальпеля уши плохо заживают и могут даже отвалиться в момент наивысшей страсти. Мужики уверяли, мышиные уши не отторгаются. Они не гниют и не портятся. И главное, женщины совершенно бессильны против такой симпатичной мордашки. Даже могут поцеловать, когда разойдутся. И со стен просто не слазят, вы уже догадались. Им очень нравится всё маленькое и бархатистое.

Мой кот боится меня потерять. Мы вместе ходим на кухню и обратно, смотрим телевизор. Мыться и писать в одиночку мне тоже запрещено. Он орёт на меня матом из-за двери.

Наверное, я в его глазах — потрясающая личность.

И ещё, кот против замены струн на гитаре. Набегает откуда-то сбоку и пробует их съесть.

И каждый раз мне не хватает рук для обороны: струны, колки, гитара, кот — всё надо держать и крутить одновременно. Для борьбы с животным остаётся русский язык, мощное, но безвредное в целом оружие. Родная речь не разрушает котов и даже не отбрасывает. Они лишь немного приседают, но не сдаются.

Глава_СЭ

Меж тем в раскрытое окно летят мои убедительные крики. И прохожие ошибочно принимают быт музыканта за скандал с убийством.

А вчера проснулся размалеванным. Ляле подарили косметичку. Сама-то Ляля прекрасная, а отец нуждался в доработке. Ляля весь боезапас израсходовала. А я всё не мог проснуться. Мне было даже приятно.

Знаете, бывает так, спишь и думаешь, — вы все там хоть взорвитесь, ни за что не встану. И при этом тебя красят в оранжевый цвет.

Какое-то прекрасное время. Все разъехались. Варим с Лялькой макароны, гуляем в магазин, говорим о жизни птиц. И ничего удивительного, что однажды утром я проснулся счастливый и с оранжевым лицом.

У Александра Рубеновича квартира с видом на президентский дворец. А через двор окна Раймонда Паулса. По вечерам видно, как известный композитор ходит по кухне в ситцевых трусах. Александру Рубеновичу повезло с соседями, кругом интересные, приличные люди.

Композитор Паулс однажды делал ремонт. И вынес свои двери на улицу, постоять. Раймонд Вольдемарович думал, никто их не унесёт. Ведь кругом приличные, интересные люди.

А Саша увидел двери композитора Паулса и пригласил их к себе. Ночью. И теперь хвастает, какие у него в дому породистые, с отличной родословной двери.

Этот поступок связан с широтой армянской души. Саша почёл за честь поставить себе двери известного человека.

Паулс пишет ноты от руки. После него ноты пахнут одеколоном и табаком. Запах не сильный, но ясно различимый.

И всякие музыкальные тётки их потом нюхают в своих оркестрах. Этот секрет мне открыла пианистка местного театра. Она вытащила из шкафа ноты и дала понюхать. И сама понюхала и сверкнула слезой счастья. Потом не сдержалась, ещё понюхала, сказала: «О боже», — и спрятала назад в шкаф.

Паулс вообще очень смешной, любит анекдоты со словом «жопа». У него жена русская. Он раньше работал лабухом, сильно пил. Под заборами ночевал. Латыши когда пьют, насквозь русские становятся. В лужах спят, матерятся и разговаривают с луной.

И жена его спасла. Она обследовала канавы на предмет содержания в них мужа, таскала на себе эти руины человека. Ловить горящую на скаку избу — мелочь в сравнении с этим. То ли дело алкоголика обратно сделать композитором. Только русские тётки умеют.

Вообще, интимные традиции в каждой семье бывают очень необычные.

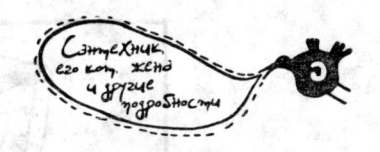

В Америке в 30-х годах решили исследовать постельную жизнь населения.

Сделали опрос. Кто хотел, мог анонимно написать, в каком месте у его Джессиики Главная Кнопка и сколько раз в неделю можно её давить.

Пришло очень много писем, потрясающих по драматизму и живости описаний.

Результаты до сих пор засекречены. Известно только, что исследователи перестали верить в бога.

Америка считалась пуританской страной. В наших постелях всё очень благородно, так думали исследователи.

— Дорогая, не изволите ли приподнять правую ногу, а то мне телевизор не видно...

А оказалось, что оторвать люстру — это у них только прелюдия.

Знакомая девочка рассказывала, как закатилась в мотель с одним спортивным комментатором:

— Представляешь, он надел лифчик себе на голову, прыгал по кровати и кричал: «Я Чебурашка!».

И я ей верю.

Одна девушка вышла за богатого, а он оказался изменщик. Чтобы не очень грустить, она решила завести внебрачного дружочка. Для нечастых встреч с высоким содержанием секса.

Сама она стеснялась писать на сайт знакомств, попросила меня.

Я представил себя Леной, которой регулярно изменяет мой Вася.

И написал такое объявление:

> *«Заведу постельный роман под обещание не отягощать меня цветами и эсэмэсками с цитатами из Бодлера. Мужчина с холодной головой получит тугую попу, малоношеную грудь и другие милые пустячки на срок по договорённости.*
>
> *Если вам интересно, у меня синие глаза».*

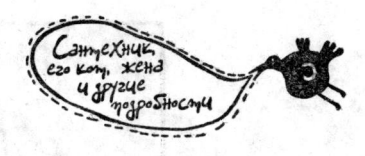

Потом подумал и написал более выразительно:

«По семейным обстоятельствам мне нужен секс. Много. Я миловидная, оборудована попой, грудью, талией. Всё отличного качества. Мне не нужны цветы, подарки и длинные эсэмэс про чувства.

Если вы не пузатый карлик и верите в чудеса, просто напишите мне».

Потом ещё подумал и написал самое точное объявление:

Друзья мои. Мой муж — мудак!
Лена.
Телефон: 800-800-800.

И фото, а как же.

Я умею так приготовить свинину, что крокодил не разгрызёт. Не знаю, откуда во мне этот навык. Жарю под крышкой, чтоб не брызгало на остальной быт и чтоб микробы сдохли. Получается высокопрочное блюдо. Но если резать мелко и хорошенько наорать на детей, всё бывает съедено.

Кулинар я честный, но бесперспективный. Из набора любых продуктов всегда получаю одну и ту же ботиночную подошву, на вкус и запах. Иногда только покупаю в гастрономе картофельные блины, замороженные до твёрдости хоккейных шайб. С блинами всё иначе. Они прекрасные. Ими получится отбиваться от хулиганов и их невозможно испортить.

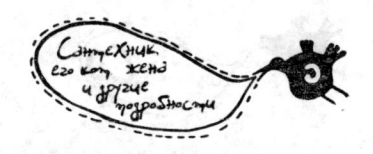

Мы с одной девушкой мерялись ужинами. Моя просто черешня против её картошки с боровиками. Мой ужин победил в номинации «дольше сможешь носить мини-юбку».

Пожаловался на враждебность ко мне свинины.

Эта девушка без труда отличает спаржу от шпината, она подсказала секрет нежных отбивных. Их следует облепить дольками киви. Держать полчаса. Если дольше, выйдет свиной кисель, нам его не надо. В киви есть что-то такое, растворитель мяса.

На слове «растворитель» вдруг вспомнил историю, как туристы из Латвии варили в Абхазии макароны. Это были не пляжные туристы, а настоящие дураки с рюкзаками. Они приехали в Абхазию лазить по горам. И купили в деревне макароны первого сорта. Модель «яичные». У себя такие же брали, было вкусно.

Латвийские макароны вели себя в кастрюле воспитанно, варились согласно инструкции, потом мылись холодной водой, тихо пищали при этом. Они были очень культурные мучные изделия. На всём белом свете тогда

слава_СЭ

стоял сплошной СССР, и от абхазских макарон никто не ждал подлостей.

На берегу горной речки туристы развели костёр. Накипятили воду и вбросили две пачки. И через минуту макарон не стало. То есть совсем. Они рассосались. Вот были — а вот опять в котле просто вода.

Тут приходит завхоз группы, турист высшей категории, мастер спорта по приготовлению макарон в невыносимых условиях гор и Заполярья. Он может без огня и посуды, без рук, на обратной стороне луны, из камней сготовить лазанью. Он только что вручил повару две пачки, смотрит в котёл, там пусто.

Завхоз сгоряча орёт на повара, как это можно быть таким дебилом, чтоб вместо ужина чудесным способом превратить макароны обратно в воду. И главное, зачем. И назвал повара проклятым Акопяном.

Завхоз лично, чемпионской рукой налил свежей воды, принёс ещё дров и всыпал две новеньких, ненадеванных пачки.

И видит, строго по расписанию, ровно через минуту еда растворяется, не оставляя никаких признаков себя. Завхоз снял с огня котёл, осмотрел дно и прозрачный кипяток, очень внимательно, посветил внутрь фонариком. Сказал «хм» и ушёл в горы, один. Вечером его нашли на краю обрыва. Он о чём-то с спорил с облаком и махал руками.

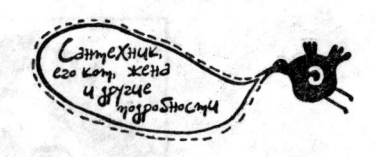

Туристы из Латвии тогда ловко выкрутились гречневой кашей, которая не растёт в Абхазии, но продаётся. И купили ещё макарон яичных, чтоб дома радовать друзей забавными подарками. Это была первая в СССР еда-прикол.

Сами абхазы тех макарон не ели, только производили. Они знали: при производстве там украдено всё, кроме некоего жёлтого клея. Именно его молекулы притворялись макаронами, с трудом держась друг за друга пока сухо.

Теперь таких макарон уже не найти. Их рецепт навсегда утерян, они теперь еда-легенда, как амброзия или ярославские осетры. Знаменитые абхазские макароны.

Кого люблю, со всеми разругался. С некоторыми так даже навек.

Поехал за утешением к Иванову. У Иванова астральный канал. Отвечает на любые вопросы. От расписания автобусов до исторических и философских. Например, «какого хрена».

Спросили у Альфы Центавра, зачем в мире нет гармонии. Особенно в отношении меня.

— Потому что ты говно! — ответил Иванов галактическим басом.

Этот прекрасный ответ всё объясняет. Значит дело не в высоких богатых брюнетах. В конце концов они не виноваты, что родились прекрасными. Это даже ужасно, когда тебя любят за лошадиный рост, синие глаза, дом с бассейном и огромный чёрный джип.

Сантехник, его кот, жена и другие подробности

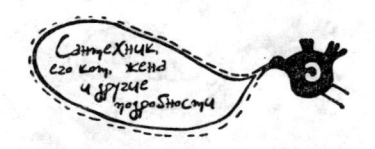

— А как же моя душа? — должно быть, тоскуют брюнеты, кусая кулак, целиком состоящий из длинных загорелых пальцев. Потом несутся в какое-нибудь Сан-Тропе и хлещут кальвадос, лишь бы не видеть этих алчных голых ног и сисек. Ничуть им не завидую.

На работе выдали нового помощника. Его настоящая фамилия Нитунахин. Как он живёт, не представляю.

Почитали заявки жильцов. Прекрасные.

1. У нас в подвале дерьмо и мухи. Пришлите кого-нибудь, пусть понюхают.
(В разнарядке написано: прийти, высадить тюльпаны, мух переловить и выпустить на волю.)

2. Мне всё время течёт на голову. Приходится включать телевизор, чтоб перестало. Но я не хочу постоянно смотреть телевизор. (Это одна интересная бабушка, потом расскажу.)

3. У меня из батареи льётся зелёное желе. Я его боюсь.

глава_СЭ

Ходили смотреть. Всё правда. Радиоактивная на вид субстанция капает на плинтус. Велели хозяйке набрать побольше, для анализов.

(Я знаю эту марсианскую жидкость, но никому не скажу, потому что придётся что-то делать, а лень.)

Вечером усталый Нитунахин рассказал историю. Одна бабка решила покончить с собой. Открыла газ, легла головой в духовку и стала ждать Тоннеля. Ждёт-пождёт, никаких улучшений в судьбе не происходит.

И решила ещё покурить, на дорожку. Подожгла сигарету и сразу вылетела в окно, жопой вперёд, по пути высадив раму. Упала на козырёк подъезда, лежит такая, курит. Ни царапины.

Ничего, подытожил Нитунахин, живёт теперь, как-то всё наладилось.

Он вообще молодец, этот Нитунахин, умеет поддержать разговор.

Ляля знает сто один способ выдавить из отца подарок. Лошадку или матрёшку, в крайнем случае мороженое, потому что отец жмот. Сто один способ, не считая таких проверенных, как раскалённые щипцы и удар сандаликом в голень. Поэтому вчера я пообещал ей сиськи.

Ляля говорит продавщице:
— Я папе скажу, он мне такие же купит, огромные.
И показала руками пару дирижаблей. Ляле намекнули: приличные девочки так не говорят. Даже если оно выглядит как вымя кашалота, всё равно надо вежливо, «товарищ грудь».

Но Ляля чувствует язык. После третьего размера красота плевать хотела на мораль. Поэтому мы купим сиськи, а вы как хотите.

глава_СЭ

Ещё у Ляли есть друг, Эрик. Он ухаживает за женщинами, как мужчина-идиот. Подарил самосвал и бросил мяч в спину. Самосвал мы вернули. За мяч наорали на руководство сада. Велели передать наше мнение папе жениха.

Наутро Эрик пришёл накрахмаленный, в галстуке. Шевелил губами, повторял заученный текст. Ляля рассказывает:

— Эрик сказал: «Я тебя обожаю». Ну, дала ему лопатой по губам, чтоб не говорил гадости.

Вот так в пять лет парень узнал про любовь почти всё.

И вся в мать. У Люси тоже характер гадкий. На экзамене в ГАИ инструктор бросил в Люсю права и ушёл. Понимаете, свои права бросил.

Я вот думаю, может, купить Люсе новые сиськи и помириться? А то разводимся, на кого я орать буду?

Мы играли на похоронах и свадьбах. Гитарист был алкоголиком. Басист курил запрещённые растения. Я увлекался грустными женщинами, а это хуже, чем пить и курить. Самой непорочной была вокалистка, единственная в мире латышка-негр Моника. Дочь олимпийского негодяя из Кении. Единственным невольным её грехом был зад-искуситель. Сильно оттопыренный, в форме сердца, невероятной красоты. Он ломал судьбы и калечил психику. Мало что чёрный, он танцевал отдельно от хозяйки. Из-за него басист не спал ночей. Раз в месяц он предлагал Монике создать семью, хотя бы на вечер. Моника фыркала, уходила сама и всю красоту уносила с собой.

Монике были нужны деньги, её выселяли из квартиры. Ради неё, нашего черножопого друга (*ласк.*), мы согласились играть на окраине, в рабочем районе, где семечки и круглые сутки кому-то бьют морду. А что, подумалось нам, хулиганы тоже люди. И многое из прекрасного им не чуждо, может быть, даже мы.

Один мой приятель играет рок-н-ролл. Так у них вокалист — чемпион области по рукопашному бою. Поэтому они выступают даже в сельских клубах для злых механизаторов. Им всегда платят, и они ни разу не пели «Вальс-бостон».

Хоть Моника при нас никогда не убивала львов дубиной и не отрывала хоботы слонам, мы решили тоже съездить. Играли за выручку с билетов. Народу пришло, прямо скажем, мало. Два человека. Лысые, с цепями, с крестами — крестоносцы. Расселись в центре зала. Элегантные, как рояли.

Мы пересчитали выручку, выходило два доллара на всех. Басист сказал, сдаваться нельзя. Дурная примета. Опять же, Монике нужны деньги.
И грянул бал.

Расстроенная неявкой публики, обильно утешаемая гитаристом, Моника вдруг напилась. Ко второму отделению она не просто забыла слова. Она перестала узнавать песни. Мы играли вступление три раза, сами пели куплет. Она смотрела, говорила: «Чёрт, какая знакомая мелодия». И опять впадала в анабиоз. Лишь танцующий зад в форме чёрного сердца выдавал в ней профессионала и артистку.

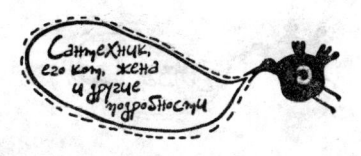

Зрители почему-то смотрели на контрабас. Очень внимательно. Не подпевали, не хлопали. А Игорь, басист, вдруг встал боком, наклонился и так играл. Потом сказал:
— Боже! Какая длинная, длинная, длинная песня!
И посмотрел на нас зрачками, взятыми напрокат у филина.

Люди с крестами оказались торговцами шмалью. В антракте они узнали в Игоре инкарнацию Боба Марли и предложили пыхнуть. И подсунули какой-то адский отвар, почти ракетное топливо. И всё третье отделение ждали, когда же Гоша рухнет в клумбу с цветами и будет смешно. А он не падал. Наш Игорёк стоял, как не знаю что, как сукин сын. Несколько боком, но стоял.

Мы кое-как доиграли боком и дотанцевали задом отделение. Посетители, оба, подошли к Игорю, пожали ру-

Глава 63

ку, сказали, что он зверь. Он первый, кто смог, кто не упал в салат. Да ещё контрабас в руках, и играл, не сбивался. Зверь. (А всё было наоборот, он повис на контрабасе и поэтому победил.)

И вот эти двое достают лопатник и отсчитывают 500 (пятьсот!!!) баксов. Настоящих, с президентами посередине. По нашим тогда представлениям, примерно столько же стоил самолёт. И ещё, они предложили отвезти нас на «Мерседесе».

Контрабас не влез в багажник, гриф торчал, пришлось ехать по встречной. Это был самый продолжительный таран со времён покорения человеком «Мерседеса». Я до сих пор горжусь участием и что не изгадил подгузник. Пролёт протекал на низкой высоте сорок минут без пауз. Крестоносцы сидели впереди, лушпали семки. Мы сзади старались не открывать глаз, обнимались на прощанье и говорили, что передать родным, если кто случайно уцелеет.

И всю дорогу Моника сидела у Игоря на коленях. Вот прямо попой. Но ни она, ни он этого не помнят. Поэтому принято считать, у них так ничего и не было.

Ездил в Таллин. В приграничной Салацгриве автовокзал, и в туалете сломана защёлка. Никакого интима. Всё время вбегают хмурые люди, обиженно сопят в затылок. Будто не ожидали встретить меня здесь и в такой позе. Потом выразительно хлопают дверью. Там всего один унитаз. Зато норвежский. А селян по автовокзалу бродит множество. Чувствуете драматизм провинциальной жизни?

Я решил всё в себе поменять. Ухожу из секса к хомячкам и кактусам. Буду любить простые вещи: море, небо, путешествия. Например, если долго-долго ехать в Таллин, потом долго писать на автовокзале, жизнь кажется чудной. И даже когда вбегают селяне, я люблю их угрюмое сопение в спину! Мир многолик и прекрасен.

глава СЭ

Меня оштрафовали пограничники. Примерно в середине Эстонии стоит куст, в нём сидят войска с биноклем. Ловят машины с инопланетными номерами. Многие латыши думают, по Эстонии можно ездить без паспорта. Фигушки, штраф шесть тысяч крон.

Торгуются эстонцы почти молча.
— Шесть тысяч крон.
— Чёта дорого.
— Три тысячи крон.
— Я всего на день.
— Тысяча двести крон.
— Можно на месте?
— Шестьсот крон.
— С собой вот есть четыреста.
— Хорошо, триста крон.

И пишут протокол.

В Таллине ветрено. Красивые девчонки разливают туристам глинтвейн. Очень красивые, очень. Хорошо, что я охладел к женщинам. А то б они меня споили.

После концерта собрались на даче одного барда, против его воли. Только свои. Человек семьсот.

Сначала было вежливо — «передайте, пожалуйста, соль», «возьмите мою куртку, согреетесь».

Сантехник, его кот, жена и другие подробности

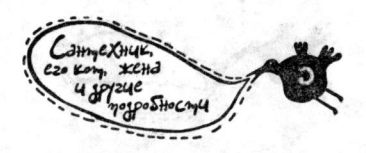

К ночи праздник вырос вширь и вглубь. Меня кто-то целовал в лысину и обещал утопить в болоте, если завтра же не женюсь на незнакомой женщине Зинаиде. Все песни стали цыганскими, даже Визбор.

Рассказывали истории из жизни людей искусства. Примерно такие.

«В восемьдесят третьем году звонит один, говорит: Витя, мы приедем? Я так понял, с женой. — Конечно приезжай! Через месяц опять звонит: — Витя, мы приехали!

Прихожу на вокзал, семьдесят пять человек. Клуб песни имени Мао Дзедуна. Хорошо, у Вадика квартира большая, уложили всех на полу. Но ходить уже негде.

Вадик с вечера влюбился в какую-то толстую бабу. Потом выспрашивал, где спит такая, красивая. И показывал на себе огромную грудь. На полу семьдесят пять мешков, в каждом толстое и красивое, чёрт его знает.

Сказали — посмотри на кухне. У батареи, второй кулёк слева. А там отдыхал завхоз Юрий. Вадик вполз к завхозу, оба крупные мальчики причём. И волосатая грудь не насторожила, а даже раззадорила. Вадик полез влюблёнными руками ниже и нашёл там, прямо скажем, новость для себя. И аж выбежал из мешка. От потрясения не пил потом два года. Только чай и молоко. А завхоз Юрий поутру интимно опрашивал друзей, которым мог довериться, какая сука сняла с него трусы. И зачем. Волновался, но вспомнить ничего не мог...»

Пошли истории про сон в палатках, выходило так: неощупанных бардов в Эстонии не осталось.

Вечер становился шумным. Рассыпались сосиски, их переловили и съели. Слева обсуждали Лену, она стерва. Справа желали американцам вечного поноса. Куст сирени за спиной трясся и хихикал женским голосом.

В середине разгуляя я поднял голову и увидел ангела. Девушка-казашка. Прекрасная. Она была, как небо и море вместе взятые. Даже лучше. Смотреть хотелось бесконечно. Я не помню, как она пришла. И пропустил момент, когда она вознеслась. Но мы вместе пели про оленя, это близость как-никак.

Ночью не пошёл её искать, чтобы не вышло как с Вадиком. А уже утром нигде её не было. Всё-таки я болван неисправимый.

Однажды баба Галя крикнула вслед военному самолёту «шоп ты развалився». И пошла копать картошку. Через три минуты с неба прилетела дымная хреновина и взорвала хату. У кого-то там руки-крылья полетели дальше, а пламенный мотор отвалился. Так баба Галя стала участницей холодной войны. Остаток дня она провела на грядке, удивляясь, до чего ж неудачные бывают дни. И ещё — насколько сбываются мечты. И ещё ругала Брежнева за непрочные бомбардировщики.

У военных где-то рядом было гнездо. Они проходили звуковой барьер и все в деревне подпрыгивали, даже куры. Часть образованных трактористов утверждала, барьер расположен за Гомелем. Но когда на Галю упала запчасть, стало ясно, гадят прямо над деревней.

Вечером понаехали войска, просеяли огород через сито. Забрали всё железное, даже молочный бидончик. Вдруг он тоже секретные руины авиации. Попутно выкопали картошку. Баба не ощутила радости, какая бывает у крестьян при сборе урожая. Я же говорю, настроение было ужасное.

Утром приехали другие солдаты, построили новую хату. Этот случай позже описан в литературе. Только в литературе всё свалили на бабкину привычку курить в постели, для секретности. Потом, дескать, ехали абстрактные танкисты и из всех видов помощи выбрали «хата под ключ». Потому что советские войска — самые милые в мире.

Когда Люся сказала, что в её сердце живёт один заезжий музыкант, я почувствовал себя хатой, на которую упало небо. И весь день потом сидел на грядке, настроение было так себе. Руки-крылья не махали, ноги-ласты обвисли. Что характерно, назавтра никто не приехал и не построил новую Люсю. И целый год потом я целовал встречных лягушек, всё хотелось чего-то необычного.

Сантехник, его кот, жена и другие подробности

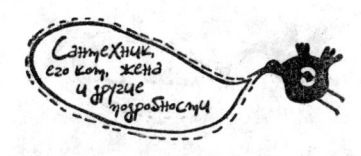

А теперь, знаете ли, даже нормально. Даже лучше, чем было. Деньги завелись, на гастроли зовут. По субботам сплю до обеда. Машке фен купил, на нём летать можно. Сказали, чем мощней, тем лучше. Хорошо там авиатурбины не продаются, я ужасный максималист иногда.

Перепробовал на себе все феновы насадки, никакой разницы. Мне надо что-то для матового блеска лысины. Кот убежал от фена под кровать, а хомяк маленький ещё сушиться. С нашей мощью чуть не так повернул — и готов друг детства, подсолить и можно подавать.

Или вот, у Ляльки утренник, а я забыл. Утром говорят, здравствуйте, можете сразу надевать белые носочки и блузку. Красную юбку выдали. Ляля в спектакле играет вишню, при слове «огород» сразу читает текст:

> *Утром вишенка проснулась,*
> *Веточка её качнулась.*
> *Прилетел пчелиный рой,*
> *Начал день свой трудовой.*

И вот мне звонят с работы, плачут, их всех сейчас смоет в залив, если не спасу. А я бегаю по магазину, там

Глава 53

есть белые носочки с бантиками, а есть с помпонами, не могу выбрать. То есть правда, хорошо. Не новая хата, конечно, но точно не руины.

В среду подписывали бумаги о разводе.

— Всё в порядке? — спросила Люся как бы даже с соучастием.

«Желаю тебе выйти за повара, растолстеть и чтоб в последний путь тебя вытаскивали краном через окно», — подумал я, но вслух только улыбнулся.

P.S. Носки выбрал, конечно же, с помпонами.

Девичье сердце вмещает бессчётное число котов. Каждый кот как в первый раз. Маша познакомилась с одним, в Макдональдсе. Ужасно влюбчивая. Отдала котлету из моего чизбургера. Я за салфетками ходил. Вернулся, а он уже бреется моей бритвой©.

Невозможно ругать женщину за чувства. Тем более, Маша рассказала пронзительные подробности из кошачьей жизни. Суть такая: они милые и доверчивые, а люди пользуются.

Пока мы обедали, ещё пять воскресных отцов, как могли, полюбили салатик. Их котлеты пошли на доброе дело. Окружающие девочки отдавали также картошку и напитки, но кот соглашался только на мясо. Чёртов кан-

глава СЭ

нибал. Потом он ушёл за куст, там громко и мучительно тошнил. Всё-таки Макдональдс котам вреден.

Мой домашний аналог, кот Чемодан, больше всех любит хомяка. Глаза проплакал смотреть, как хомяк моется, жрёт сено, какает и роет лаз на волю. Кот мечтает хотя бы поцеловать эти ушки и глазки. Но с хомяком его фатально разделяют мои предрассудки.

Кот догадался столкнуть клетку с подоконника, клетка рассыпалась, хомяк выпал. Кот взлетел, разинул радостную пасть, но навстречу тоже взлетел я, толстой молнии подобный. Короче, мы подрались. И долго пахли потом хомячьими опилками. Прибежала Маша, не знает, кого жалеть. Сгоряча съела две булочки с маком, потом смотрела в зеркало на огромную попу. Весь вечер на нервах.

Маша любит кота, кот хомяка, хомяк не любит никого. Только себя и семечки. Это треугольная драма, основа литературы и жизни вообще. Когда двоим хорошо, третий обязательно убывает и мучается.

Вот смотрите:

Напряжение — сопротивление — сила тока.

Женя — Надя — Ипполит.

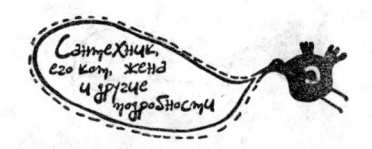

Масса — время — скорость света.
Бог-отец — сын — дух святой.
Температура — давление — объём.
Ум — красота — женское счастье.
Девушка — кот — прочие млекопитающие самцы.

Одна моя знакомая пять часов визжала на табурете. К ней пришла мышь и гуляла по кухне как по гастроному. Мыши хотелось на ужин чего-то необычного.

Женщина боролась с грызуном противным голосом. Мышь морщилась, но терпела. На шум заглядывал кот, просто посмотреть. Он был пацифист, в его душе росли тюльпаны.

Потом пришёл муж и спас всех шваброй. Бросил, промахнулся, и уже по звону посуды мышь поняла — больше здесь ей не рады. Пора.

Конечно, виноват муж. Ему показали щели за плинтусом: «эти огромные дыры, скоро в них динозавры поползут, не смей орать на кота, он не виноват, что в доме нет мужчины, это ты моральный импотент, он не любит мышей, сам её ешь, может, ему и раковину за тебя чинить?»

Глава 53

Ладно, коты. В Амазонке живёт розовый дельфин боуто. Местные говорят, по ночам он выходит на сушу, и женщины не могут сопротивляться. Идут за ним в воду, такой волшебный дельфин. Я себе представил боуту — мега-усы, хвост, улыбка и экстра тёплый пузик тройной волосатости. За таким на край джунглей. А на фото в интернете обычная свинья с клювом. Непонятно.

Скорей всего, тут какая-то женская хитрость — «дорогой, прости, бежала домой, повстречала боуту, к утру насилу вырвалась, ты же знаешь, мы не в силах сопротивляться».

И ходи потом, ищи способ настучать в клюв розовому дельфину.

Однажды мой папенька встретил на улице футбольную команду и уважать себя принудил.

За забором паровозного депо мужики гоняли мяч. Машинисты против кочегаров. Папенька и в трезвом виде был неравнодушный человек. А выпимши становился липуч, как свидетель Иеговы.

Вбежал на поле, стал преподавать дриблинг, насильно. Присутствующие захотели остаться неучёными. Тогда папан назвал их «козлы», «рванина» и «женская сборная по бадминтону». Футболисты ответили нестройным матом.

Главными изъянами папеньки были находчивость и смелость.

глава_СЭ

По его прикидкам, в одиночку навалять небольшой футбольной команде совсем не сложно, если точно всё рассчитать.

Он вышел к воротам и врезал вратарю ботинком по ноге. Для затравки. За папой стали гоняться, конечно.

Всё шло по плану. Он бегал кругами, самых резвых догоняльщиков разил кулаком с разворота на встречном курсе. Минуты три он был как Иван Кожедуб, а футболисты как фашисты на мессершмитах.

Враг нёс потери. Искусно маневрируя, папа сбил четверых, одного ранил в бензобак.

Если бы всё получилось, когда-нибудь про этот подвиг сняли бы фильм с названием — «1 спартанец».

Но железнодорожники попались хитрые, догадались, что небольшой командой можно навалять даже Кожедубу, если хором.

Перестроились в греческую фалангу (конница по бокам) и после некоторых перестроений они стали теснить папеньку бутсами по попе и выше.

Тятя бросился из окружения в сирень и там залёг. Он решил переждать.

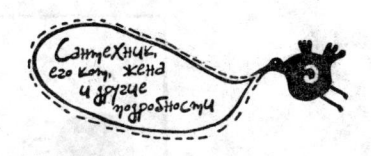

— Ногой в кустах не размахнуться, а руками они драться не умеют — гордился он, показывая потом спину. Спина была похожа на огромный баклажан.

На следующий день, на встрече в милиции, футболисты казались сборной по панкратиону — у кого глаз заплыл куриной попочкой, у кого скула примотана скотчем.

Пятнадцать суток папе не дали, потому что приговор «за драку с футбольной командой паровозного депо» показался лейтенанту неумеренно льстивым.

После баталии, говорят, папенька форсил перед друзьями: приходил к стадиону, запрыгивал на забор и орал «Э-ге-гей!»

Всем нравилось смотреть, как кочегары бросают беготню, послушно перестраиваются — конница на фланги — и смотрят на забор грустными персидскими глазами.

А если вы не верите этой правдивой истории, значит, вы не знакомы с моим папенькой.

Когда чей-нибудь последний путь надо расцветить Шопеном, в военном оркестре говорят «Играть жмура».

В окружном оркестре служат в основном сверхсрочники. Призывников в окружной оркестр берут только на всякие позорные инструменты — тарелки и большой барабан с колотушкой. Барабанщика причём выбирают маленького, так смешней. Издалека он должен быть похож на очень беременного солдата. Таковы требования военного юмора.

В нашем оркестре был ещё третий срочник, играл на секунде — здоровенная труба, надевается на человека сверху. Её партию в печатном виде не пересказать — это «пук-пук» сиплым баритоном.

Сантехник, его кот, жена и другие подробности

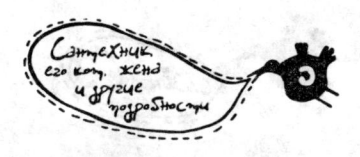

Был май. Птицы исполняли Бетховена, трепетные вербы тянули к солнцу зелёные ладошки, и не выпить перед выступлением за такую даль и синь было нельзя. Кто-то выкатил красный вермут, привычный яд. И музыканты были опытные — но почему-то все полегли. Как дети, ей-богу. Даже самогон на стиральном порошке не давал такого блестящего эффекта.

Начало церемонии отстояли шалашиком. А как колонна поехала, стали падать. Путь за катафалком блистал отдельно лежащими трубами, фаготами и телами горестных оркестрантов.

Дольше прочих держался кларнет. Падая, он попал своей дудкой в карман барабанщику, и так доехал почти до нужной могилы. Рухнул в ста метрах каких-то.

Трубач потом вспоминал, что остановился продуть мундштук, тут на него прыгнуло дерево и заслонило белый свет.

Сильной личностью оказался валторнист. Он маршировал со всеми по дороге, и вдруг обнаружил себя посреди природы, в каких-то праздничных кустах. Где-то за ветвями отдувались и падали друзья, а тут сгрудились трепетные вербы и ещё птицы, со своим Бетховеном. Пробиться к товарищам было нереально. Валторнист лёг в укрытие и стал исполнять военный долг лёжа.

— Как красиво играет в лесу валторна — сказал чуткий к прекрасному барабанщик.

Звук военного оркестра, поначалу сочный и породистый, мутировал в еврейскую свадьбу. Солировала ритм-секция. Поскольку срочникам не наливали, до кладбища доползли только трезвые тарелки, барабан и секунда, которая «пук-пук».

После всех слов, после прощального салюта выжившим предстояло с помощью лишь тарелок и барабана изобразить гимн. И ещё этим, пук-пуком.

Тысяча офицеров в праздничном убранстве взяли под козырёк, командующий сделал патриотическое лицо, остальные зажмурились.

— Бдых! — сказал барабан.
— Апчхи! — удивились тарелки.
— Пук-пук — застеснялась секунда.

Потом ещё играли торжественный марш, что после гимна совсем не страшно оказалось.

Однажды усядусь писать. Стану вскидывать над компьютером руки, как какой-нибудь Прокофьев. Буду молотить по буквам много и вдохновенно.

И конечно же, разбогатею.

Напишу, как к нам в квартиру пришли блохи, много. Глазам их не видно, но по ощущениям — несколько дивизий.

Расскажу про длинную линейку для чесаний — мы передаём её из рук в руки и очень любим.

Напишу про Лялин атеизм. Ляля не верит в невидимое, в блох тоже. Про укусы говорит, это Владислав покусал, вражеский ребёнок в саду, Владислав там всех кусает.

Глава 53

И добавляет сентенциозно:
— Владислав — свинья!

Ляля считает, меня покусал тоже Вадислав. И Люсю. Мне-то что, я привычный, а Люсю ревную.

Никому не прощу укусы Люси в те места, чьих названий не скажу, но которые очень мне дороги.

Поймаю Владислава — оторву хоботок.

Люся копит на Египет, живёт на трёх своих работах, я чувствую себя акулой большого секса на планктонной диете.

Устроился играть в театр. Много репетирую.

Два раза выхожу там на балкон с гитарой (это самое вдохновенное место в спектакле).

Во втором отделении кричу с толпой «ого-го». Просили не перекрикивать толпу.

Хотел влюбиться в молодую актрису из Петрозаводска, но было жарко, плюнул.

Дурная какая-то жара. Как в Вавилоне за день до финала.

Вот что я вам скажу, дорогие мои неосторожные читатели, необдуманно расскрывшие эту книжку. Далеко-далеко от вас, в краю, где комары ростом с ворону, где названия деревень всегда из двух слов и второе слово — «болото», где ландыш пахнет сероводородом, а лягушки пожрали соловьёв, там мы с Эдиком строим пятизвёздочный отель. Для гипотетических саксонских пенсионеров, которым мало баскервильских и подавай ещё курляндских трясин.

Деревня называется «Монастырское болото». Это если ехать от «Синего болота», поворачиваете на «Ведьмино болото», не доезжая «Кошачьего болота», справа грустим мы и наш отель.

Цивилизация в деревне представлена ларьком, в нём много пива и три продавщицы.

глава_63

Одна миленькая, другие две — как из рекламы стирального порошка, с безумием в глазах — зачем вы льёте на меня кетчуп-вино-варенье-гуталин?!

Население города — триста одноногих алкоголиков из санатория для одноногих алкоголиков.

Живёт ещё двуногая девушка, очень красивая, одна на весь город. Ноги, кстати, очень удачные. Даже если их поставить рядом, а не как обычно, левую прятать за правую — всё равно удачные.

То есть, она может себе позволить не подгибать, не выставлять вперёд, носок не выворачивать за угол — вы и сами знаете триста способов придать ногам форму, как у Милы Йовович. Согласитесь, редкой красоты девушка.

И вот, пятки вместе, носки врозь, каждое утро она стоит на остановке под берёзой, и мы когда-нибудь обязательно притормозим спросить, не для нас ли так печальны её глаза и так беззащитны эти наивные колени.

Сантехник, его кот, жена и другие подробности

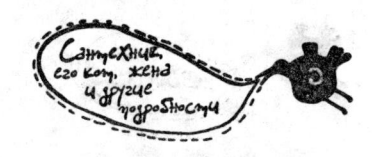

Видите, товарищи, у меня проблемы со смыслом. Он ускользает. Я хотел рассказать, как нам с Эдиком, мирным сантехникам, нечего жрать, а сам срываюсь на истории про женские ноги.

Так вот, про еду.
Мы весь ларёк уже перепробовали.
Первую неделю лопали лапшу, надоело. Восемь дней грызли курицу-гриль. Потом в районе иссякли куры, остались колбаса-кефир, затем пирожки. Необычные пирожки. Если разломить, вырвется запах мяса и улетит в небо, останется просто тесто.

Потом мы познали паштет. В ларьке есть два вида. Эдик предпочитает коричневый, со вкусными E250, E314 и E320. И эмульгатора чтоб побольше.

А я беру серый, с E357, он кислинку придаёт. И с бензоатом натрия, чтоб нажористей.

Кроме того, на моём написано «содержание говяжьей печени достигает 31%», а на Эдиковом паштете мясо вовсе не упомянуто, значит, он из пищевого картона, а я от такого икаю.

глава 53

Вам не приходило в голову, что силу изжоги следует измерять в килотоннах, как атомные бомбы? У меня сейчас примерно 300 кт, а я всё равно про ноги думаю. Потому что тягу к прекрасному во мне никакими атомными пирожками не перешибить.

В октябре я особенно понимаю, зачем женщины моются. Во-первых, это тепло. Мероприятие пахнет шампунем и красиво освещено. Ничем не занят, при этом как бы занят. И без ограничений можно смотреть на голых женщин в ванной. На них всегда приятно смотреть, даже если они — это ты сам. В смысле, сама. И всё это лёжа, а не бегом по лестнице с роялем на спине.

Женщин много, ванных мало, поэтому у нас постоянно дежурит очередь нуждающихся мужчин. Особенно в октябре. За окном листопад, тряпьё белеет неглаженой Джомолунгмой, уроки разбросаны по кухне и повсюду скачут спортивные отцы и коты. Октябрь.

А недавно кот обучился лапой открывать ворота. Ренегат. Ему страшно, видите ли, стало за мочевой пузырёк. С тех пор я скачу соло. Я тоже люблю свой пузырёк и к 39-ти неплохо навострился открывать лапой многое. Даже лучше всех котов на свете. А эта дверь недавно была вовсе сломана, только я один умел ей управлять. На остальных она падала.

О! Совсем недавно она была общительной, юмористической дверью прекрасной дальнобойности. От неё было не скрыться. Она бесшумно набирала скорость и обрушивала всю свою иронию на посетителя. Лежачий в ванной человек мог ещё ловко нырнуть, а с унитаза бежать было некуда.

Починить её меня принудили женские сепаратисты. Ведь кто контролирует дверь в туалет, тот в семье и Уго Чавес. И они меня свергли. Теперь там исправная дверь без изюминки. И горькая несправедливость: если её отворяет кот, он умница и плюша. А если я, то выйди немедленно, наглец и как не стыдно.

Но в среду кот поплатился. Въезжает он в ванну, как к себе в гараж, там Маша моется. И стал на примере девочки изучать технику заныров. Прежде Маша служила в ванной Мобидиком, а от кота в ней проснулся

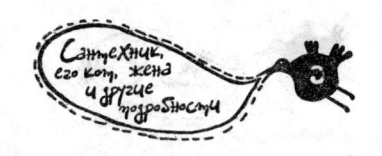

Ктулху. Из воды словно опасные деревья выросли руки, хвать кота и на дно волокут.

Кот пальцами вцепился в край ванны, стал кричать, что коты не потеют и лично он, кот Чемодан, совсем ещё новый и мыться не желает даже за сто рублей. Он орал страшным голосом, как умеют только ночные дети и молодые паровозы.

Маша женщина неопытная, доверилась, щупальцы разжала.

Всё, что у кота заднее поясницы — вымокло, конечно. Но руки и грудь уцелели. А также усы, глаза и, что важно, мозг остался сухой. С точки зрения красоты получилось спорно: спереди пушистый, лохматый как царь, а всё что заднее ватерлинии — чисто облиззяна. И стал он ходить и капать по всему дому. И за каких-то три секунды сумел поприсутствовать везде, как элементарная частица или Бох.

А у нас в семье правило: если вы ненароком упали в ванную и какая-нибудь ваша половина вымокла — ходите где угодно, но не садитесь на ноутбуки. В связи с чем возмущает фраза: «смотри какой котик смешной мокрой попой сидит на твоей клавиатуре». Нельзя так широко понимать термин «смешной». Гораздо более точным было бы: «серо-полосатый, наверное, самоубийца, не знающий: как опасен в гневе Уго Чавес, повелитель сломанных дверей».

Даже если тёща отличный парень, всё равно она злодей.

Это закон природы. Так же неизбежно жи-ши пишется через «И» и маслом вниз падают бутерброды.

От тёщи народилась эта сколопендра, что ходит теперь по моей квартире с нагими ногами и не позволяет трогать их руками.

Вот ещё о ногах. В романах про любовь никогда чесание спины не считалось прелюдией. В литературе улыбнёшься загорело и сразу наступает секс. Неземная Любовь сама находчиво снимает с себя трусы.

А в жизни ты полночи чешешь спинку, точишь ногти о тощий её хребет, потом она вдруг засыпает, и ты до утра смотришь телевизор нечеловечески печальными глазами. Можно, конечно, укусить её нагую ногу, но это будет неполноценный секс.

глава_СЭ

Маша спросила, кем мне приходится маминой мамы мать. Я вдруг вспомнил, что перед тёщей была ещё сколопендра в кубе. Сказал Маше, что никем, что мы чужие, что скорей жи-ши упадут маслом вверх, чем я родня ей.

Маша ответила спокойно:

— Раз мне она прабабушка, тебе она ПРА-тёща.

Сразу сделалось понятно. Это архетип вселенской вредности. Праотцы учат загорелым улыбкам и лампочки крутить, праматери всегда денег одолжат, а пратёщи летают в ночи на перепончатых крыльях, заглядывают в окно, пугают одиноких ночных посетителей холодильника. Если в три утра увидишь на дереве пратёщу, или двух, борщ скиснет, лето кончится в июне, новый провайдер окажется выдающимся козлом. Так что закрывайте глазки, поворачивайтесь на бок и спокойной вам ночи.

Проспали.

Собирались яростно.

По дороге в сад:

— Мама, а почему лошадь — сраная?

— Кто тебе сказал?

— Ну, папа. Он сказал: «отложи эту сраную лошадь и немедленно одевайся!»

Как отец, я отец очень темпераментный, иногда.

Люся поехала в Венецию. С собой взяла колбасу, трусы и штопор.

На месте Венеции я бы обиделся. Когда ты город на Средиземном море, по тебе плавают, извините за выражение, гондольеры, ты весь в каналах, карнавалах, и Бродский в тебе похоронен, а кто-то приезжает в тебя с набором для пьянки в кустах, это свинство. Так считаем мы с Венецией.

Вчера Люся прислала письмо. Пишет, что всё отлично.

Кто б сомневался. Когда всё с собой и не надо выпрашивать колбасу, трусы и штопор, любая Сан-Марко дом родной. За каждым изгибом канала тепло, пенёк и заросли черёмухи.

Сантехник, его кот, жена и другие подробности

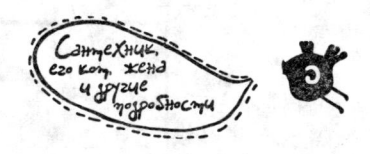

А сегодня она в городе Пизе. Собирается лезть на башню.

Никто не знает, кстати, как будет по-пизански «упасть с башни»? Хочу послать Люсе эсэмэс-предостережение.

Смотрел передачу про суд. Плакал от торжества справедливости. Там один мальчик мерзко себя вёл с детства, курил табак, плевал где люди ходят, пел матерные песни. А учился так плохо, что после школы всем серебряные, золотые, а ему пластилиновую медаль дали, с надписью «чтоб ты сдох, проклятый двоечник».

Мальчик добывал гормоны роста из куриных окорочков, распух, как диплодок, стал асоциальным элементом. Купил БМВ, поставил под окно, а сам поехал в Египет загорать. Так делают все асоциальные элементы. Поэтому египтяне нас боятся и никогда не нападут. Они думают, тут вся страна такая, хари не влазят в фотоаппарат, сплошь асоциальные, под окном БМВ, с пластилиновыми медалями за образование.

Сантехник, его кот, жена и другие подробности

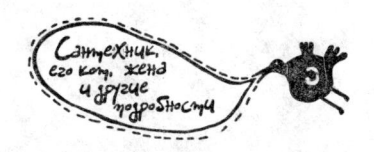

Пока мальчик внушал уважение к России, его авто не скучало. Анонимный Робин Гуд разбил люк монтировкой и влил в салон полтора куба прекрасного бетона. За всё. За непереведённых через дорогу старушек, за сожранный в шестом классе дневник с двойками и за вой полуночных сигнализаций, за их неумение отличить кошку от угонщика. Накопилось у кого-то.

Бетон с машиной слились в единое, вышла очень крепкая конструкция. Хотя и непригодная для поездки с женщинами на пикник. Гастарбайтерам пришлось неделю махать перфораторами, чтоб пробиться хотя бы к замку зажигания. Диплодок ходил по Родине загорелый и расстроенный. Он не был совсем бесчувственным, в его сердце жила любовь к технике. Движимый этим чувством, он живо нашёл водилу именно той бетономешалки, что развозила бетон для нужд мстителей микрорайона. Друзья двоечника дали шофёру почувствовать себя бубном. Постучали в него, постучали, потом в суд привели. Стали объяснять про частную собственность.

И тут бетономешалкин адвокат, красивая тётка, прожаренная солярием до хрустящей корочки, достала из сумочки старушку-соседку. Старушкина жизнь состоя-

Глава 53

ла из фонендоскопа, тетрадки и массы свободного времени. Пенсионерка прослушивала соседей, её протоколов хватило бы на тысячу лет тюрьмы всем двоечникам столицы.

Прокурор, конечно, выступил против подслушивающих старушек, но там все живые люди, всем было интересно.

— Валяй! — сказал народ старушке.

Так вот, у диплодока оказалась невеста и ещё любовница, а у любовницы ещё любовник, он-то и устроил акцию, водитель бетономешалки пописать отошёл. Вроде бы он. Судья сказала, её это не касается. Главное — шофёр не виноват.

Приговор такой:

Шофёру впредь писать, не выходя из кабины.

Бабушке велели больше не подслушивать и подмигнули двусмысленно, мол давай, так дальше и поступай.

Полюбовнику пожелали богатырского здоровья и крепости в области бубна.

Только диплодоку судья ничего не сказала, просто посмотрела угрюмо, как обычно бетономешалки смотрят на БМВ.

Сантехник, его кот, жена и другие подробности

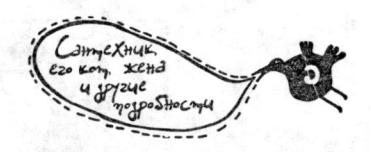

Очень хорошая передача. В ней правое дело торжествует над капитализмом в лице БМВ. В ней человек главней механических монстров. Особенно спящий человек. А к той сволочи, что всю ночь у меня под окнами бибикала и сверкала праздничными огнями, я нынче приеду на бетономешалке. Спрошу, чего ей не спится.

Дети рисуют мать по памяти. Согласно чертежам, их родил аквалангист, гуляющий по картофельному полю в миниюбке.

По вечерам ходим в дальний магазин, чего-нибудь разрушить. Кругами, чтоб нас потом не выследили.

Однажды в винном отделе Ляля раскинула руки и полетела. Совсем как Катерина из Грозы. И крылом задела бутылку. Пока бутылка падала и билась, пред внутренним моим взором пронеслась и попрощалась вся моя ненаглядная зарплата за последний год.

Как отец и гражданин я потребовал дождаться и понести наказание. Мы взялись за руки, но никто к нам не шёл. Долго ждали, секунды три. Тогда мы раскинули руки и скорей отсюда полетели вместе — мимо конфетных, молочных и мыльных рядов, мимо касс, через железную дорогу, домой.

В другой раз нам встретился манекен мужчины на роликах. Маша запрыгнула на него с разбегу. То не был акт любви. Манекен был похож на дерево с колёсами и его нельзя было пропустить. В общем, Маша верхом на манекене выкатилась из магазина в фойе.

Благодаря этому случаю, я видел самую удивлённую в стране кассиршу.

Ну и самое остросюжетное — угон инвалидной коляски вместе с содержимым. Днём, из отдела туалетной бумаги. Тоже Маша. Инвалид приехал со своей женщиной-штурманом, но она была какая-то не собранная. А если ты нормальный человек, тебе конечно же хочется прокатиться. Коляска-то отличная. И вот, выждав, когда штурман отвернётся почитать пачку сахара, Маша подарила инвалиду ощущение жизни методом разгона коляски до скорости звука. Пассажир сначала удивился. Потом, по рёву воздуха в ушах, заподозрил неладное. И лишь в молочном отделе понял, что кто-то злой его украл, чтобы убить

Глава 53

о витрину со сметаной. Тут Маша смело поставила коляску на одно колесо и свернула в рыбный отдел, где экипаж поймали посетители, растревоженные плачем неблагодарного калеки.

Не знаю как у вас, а в нашей стране такое поведение называется «беззаботное детство».

У синьора Мальдини глаза пожилого бассета. И в перстнях золота больше, чем во всём бюджете какой-нибудь Молдавии. Возле его кровати, наверное, ведро стоит. Синьор Мальдини туда ссыпает украшения на ночь. Потому что спать с гирями на пальцах неудобно.

Нас предупредили: он продюсер и театральный художник, а не тот, на кого похож. Такая версия всем понравилась. Никто теперь не боится, что синьор Мальдини босс мафии. Все думают, простой пенсионер, чудной старик, ставит пьесы из жизни Неаполитанцев.

Он лично подбирал мне костюм. Называл меня «сынок». Просил не называть синьором, просто Чезаре.

глава 53

— В первом акте ты будешь в белой майке, сынок. В Неаполе летом жарко.

И посмотрел вдаль, за шкаф, где примерно Неаполь, Моника Белуччи, папа Бенедикт и прочие равиоли.

Я спросить хотел — а пистолет? — но понял по красным отвисшим векам, что пистолет мне ещё рано. И даже совсем не надо. Мы, итальянские музыканты, гуляем в майках безоружные и спим поперёк дороги, как в Индии коровы. Никто не прогоняет нас метким выстрелом. Самое большее, палкой спросят, нельзя ли тут пройти, осторожненько.

А мандалинист Жора у нас страшно нервный, он двадцать лет грустил по консерваториям, хотел от скрипочки детей родить. Но скрипачей в Латвии больше, чем в Неаполе членов мафии, приходится калымить мандалинистом, хоть название у этой профессии неприятное и даже двусмысленное.

Мы записывали в студии любимую Тарантеллу синьора Мальдини. Там следовало сыграть тройной форшлаг. У Жоры, кроме страшно полезного для жизни образования, ларингит, развод и собака родила 15 щенков. Он не в силах исполнить тройной форшлаг на мандалине. Тремоло, трель или четверной форшлаг — пожалуйста. Но шерстистые уши синьора Мальдини хотят, чтоб тарантелла была тарантеллой, а не огрызком из Шостаковича. Ему нужен тройной. А час записи в симфонической студии стоит больше, чем родить, вырастить и покрошить в лазанью целый хор мандалинистов. Очень тогда переволновались за нашего. Оператор потом резал форшлаг из всякой мандалинной требухи, спасал Жору.

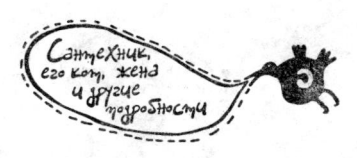

Я согласился на майку. А Жора встал в третью позицию, сказал, что привык играть в смокинге.

— Синьор Мальдини спрашивает, есть ли у вас отец — перевела хриплое итальянское недоумение переводчица Нина, толстая и красивая.

— Есть, а что? — ответил Жора голосом буревестника.

По безумию в глазах музыканта стало понятно. У него ларингит, жена ушла и плодовитая собака. Как бы делясь пониманием, неаполитанец улыбнулся костюмерше. Костюмерша в ответ описалась, но притворилась находчиво, будто из уважения.

— Синьор Мальдини предлагает вам согласиться на белую рубашку с закатанными рукавами, — перевела Нина поднятую бровь синьора художника.

— Или что, мне оденут белые тапки, в чисто неаполитанской традиции? — горестно хмыкнул Жора. — Впрочем, этого не переводите.

— Молодец, — вдруг сказал синьор Мальдини по-русски, без всяких акцентов; цокнул перстнем и вышел.

Один мужчина в прошлой жизни был негодяем. Грубил маме, мучил хомячков, вырезал на скамейках сюжеты из камасутры. За это у него отвалился кран, ночью.

«Какое сильное давление», — с неприязнью подумал мужчина про наш водопровод.

Он побежал перекрыть воду. Но тёмные силы заперли двери в подвал. Этот мужчина, Фёдоров, выбил окошко, полез в чёрную неизвестность. И там повстречал кастрюлю с машинным маслом.

Понимаете, он полез головой вперёд и с тех пор очень интересуется, кто это придумал хранить в подвале нефтепродукты. Фёдоров упал в ёмкость лицом и настроение испортилось.

глава_СЭ

К слову, любой бы расстроился. Даже я, перенёсший уже побег жены и ещё другие радости из её рук, огорчился бы.

В подвале много полезных вещей. Лыжи, колёса, радиолы, старые раковины. Всё нужное, по меркам папуасов нашего кооператива. И, конечно же, масло в открытой таре, самый гнусный артефакт чёрной неизвестности.

В четыре утра я встретил этого Фёдорова. Он был зелёный и скользкий на вид. И брёл по трубе отопления в новые дали, освещал себе путь жёлтым светом из глаз. В дороге он перекрыл множество труб и не мог найти окно, через которое влез. Кто-то закрыл Фёдорова и даже заштукатурил. И видно было по зубам, Фёдоров хотел, но не смог прогрызть фундамент.

Это было как у Тесея с Минотавром, очень волнующе. На планете ночь, подземный лабиринт, кругом лыжи, раковины, радиолы. Вдруг из-за сарая выходит чёрный человек с кастрюлей и говорит, что очень рад мне.

И он тряпок насобирал, огромный мешок.
Я спросил, — зачем тебе?

Сантехник, его кот, жена и другие подробности

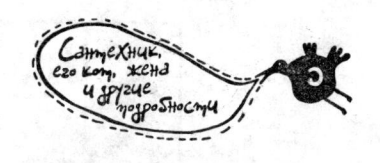

Он сказал — вытирать.

Я говорю — там уже вся вода стекла к соседям, через щели.

Он грустно так — да нет, себя, себя вытирать.

Именно от такой интересной работы у меня на всех фото правый глаз больше левого.

А жена его, фрау Фёдорова, красивая и несчастная. С таким прекрасным дураком живёт.

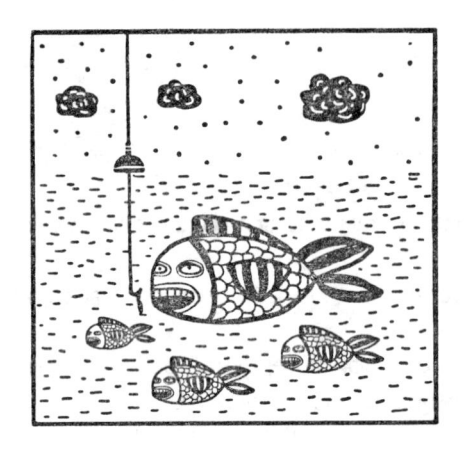

Если у отца нет дачи в Юрмале или гелендвагена на худом конце, он вынужден вести потомство в лес. В лесу детей можно отдать людоеду (зачёркнуто), отвлечь от мечт про гелендваген всякой чепухой — облаком в форме слона, кузнечиками, пыльным маревом, черникой и песней про чибиса, исполняемой сразу в нескольких тональностях.

И вот идём мы, идём, навстречу — озеро. Хорошее такое, с водой. В воде два рыбака-гипнотизёра стоят по самые орехи. Смотрят вглубь радиоактивными взглядами и каждый внушает рыбе мысль:

— У него не ловись, ловись у меня, моя наживка реально со вкусом червяка!

Чуткая к гипнозу рыба не знает, как ей быть. Мечется от крючка к крючку, вся в слезах, не может выбрать.

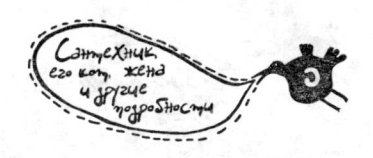

А мы идём, исполняем про Чибиса. Я тенор, Лялька бас, Машка народным голосом поёт. Тут один рыбак повернул к нам радиоктивные глаза и взглядом сказал следующее:

— Я три дня варил мега-кашу. На бульоне из раков, с диким рисом из южной Камбоджи, с черносливом и бальзамом Биттнера. Я неделю прикармливал мега-окуня. И вот, когда мега-окунь уже раскрыл пасть, большую, как дверь троллейбуса, приходите ВЫ и всё насмарку. Уходите. И пока не выучите верхнюю «си» в припеве — не возвращайтесь.

Не люблю, когда меня взглядом обвиняют в неправильном пении Чибиса. За такое могу гелендвагеном переехать через всю его тощую рыбацкую жизнь. Я послал ответный приветливый взгляд, в котором рыбак мог бы прочесть про своё завтра — смерть от попадания в пищевод длинного твёрдого предмета, предположительно удочки.

Сцепиться в красивом танце смертоносных взоров нам не дали. Из кустов вышел нетрезвый амбал в плавках и сказал тихим голосом:

— Право, мне крайне неловко. Я сознаю, насколько моё предложение диссонирует с общечеловеческими

глава 53

понятиями о праве на самовыражение. Но, например, я сейчас буду тут купаться. И если в мой филей вопьётся крючок, вы увидите, как хорошо клюёт налим на яйца местных рыбаков. Ну?

Такому милому, вежливому юноше трудно было возражать. Рыбаки скрутили лески, Аполлон плюхнулся пузом о водную гладь, чем лишил рыб нервного здоровья. Мне показалось ещё, на противоположном берегу из озера выскочил мега-окунь и убежал в лес.

Теперь я знаю, как выглядит реинкарнация высшей справедливости. Это нетрезвый амбал в плавках. Он живёт в кустах у озера. Отличный парень.

И тут Маша сказала ужасное:
— Папа, почему мы никогда не ловим рыбу? Что, у нас нет денег на удочку?

Быть отцом без удочки и джипа плохо. И я рассказал Маше притчу:

— Говорят, раз в тыщу лет из озера выходит царь-щука. Она рвёт снасти, бьёт всем морды и запрыгивает назад в воду. У неё глаза, как дверь троллейбуса. А кому она хвостом сломает нос, тот получает вечное уважение других рыбаков, звание генерала рыбацких войск и пожизненный дозвол на последнюю сигарету.

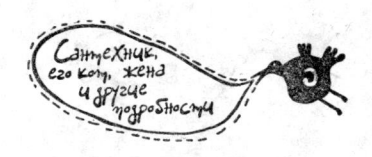

— Дети, вы хотите, чтоб вам сломали нос? — спросил я задорно.

Дети признались, что с пелёнок недолюбливают рыбалку и про удочку спросили просто так.

И тут через дорогу поползла жаба. И это был мой шанс. Лихая охота на жаб, с пальбой из двустволок, с криками «ату её!» и «отрезай ей путь к лесу» стоит полутора гелендвагенов.

Мои далёкие предки душили бегемотов голыми руками, шо ж я, жабу не поймаю?

Во мне проснулся леопард и стал прыгать за жабой. Но жаба попалась не простая, а чемпионка по ушу. Очень ловкая. Какая-то Алина Кабаева среди жаб. Она сделала сорок прыжков, я — семьдесят четыре.

На семьдесят пятом прыжке мой внутренний леопард обозвал меня мешком говна и ушёл. Пришлось звать внутреннюю росомаху. В образе росомахи я любую жабу загоняю до смерти. Мы опять прыгали-прыгали, потом у неё сделалась одышка и тахикардия. Она упала и сказала:

— Всё. Я готова. Можешь есть меня, толстый дядька в шортах.

В глазах детей было счастье, ведь пап с гелендвагенами много, а просто сумасшедших поди поищи. Это оказалась царь-жаба. Холодная, шершавая. Она застенчиво нагадила мне в руку каким-то хлороформом и улыбнулась. Мы запихали ей в рот беляш и отпустили умирать.

Шучу.

Просто почесали спинку.

Вообще, мужчине без гелендвагена приходится быть благостным, романтичным, даже шутить без применения слова «жопа». Это как-то противоестественно.

У всех, кто жил в Риге, обязательно сыщется пара знакомых моряков. У Аньки нашёлся целый капитан сухогруза. Он сказал:

— За два поцелуя взасос довезу до Дании. Дальше на автобусе доедешь.

Тут с Анькой случился приступ воображения. Ей привиделось, как большой корабль входит в порт, а на палубе стоит она, в чём-то белом и летящем. В кружевной шляпе с полями самых восхитительных размеров.

И всё. Ей стало неважно, кого плыть и куда целовать. Ей захотелось моря.

Сухогруз оказался антикварной калошей, сыном порочной страсти самовара и стиральной машины

глава 53

Он не тонул оттого лишь, что море не хотело принять в себя такое уродство. Океан активно отторгал эту гадость. Энергию отторжения внук таза и кочерги преобразовывал в поступательное движение. Непостижимым образом, вопреки законам богонравия, Франкенштейн плыл.

Копенгаген не захотел их впускать. Целую неделю они качались в волнах у Доггер-Банки. Официально если, пережидали шторм. На самом же деле, датчане надеялись, что монстр утонет и у датских грузчиков не будет культурного шока.

Аньку тошнило. Всю неделю она пробовала утопиться и никак не могла запомнить, но каждый раз застревала в иллюминаторе несколько широким задом. В день седьмой уже и зад пролез бы, но Анька глянула в зеркало и передумала. Её суицидальные намерения сменились желанием блистать вопреки обстановке.

Первый раз в жизни она весила пятьдесят кг. У неё была шляпа и на траверзе замок Гамлета. И Анька надела кружева, и вышла на палубу. И сразу кончился шторм. И датчане, увидав её в бинокль, устыдились своих страхов.

Сантехник, его кот, жена и другие подробности

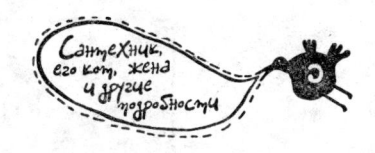

Это было очень красиво. Её зелёное лицо приятно оттеняла белая шляпа, и вся она, подобная ангелу, как бы напоминала местным биндюжникам, что даже в самой промасленной и неприглядной железяке водится живая душа.

Это я вот к чему:

Незабудкина! Хоть я небритый сантехник, а ты целый редактор новостей, у меня есть душа. И вечер нашей, будь она неладна, годовщины ты могла бы провести дома, а не со своими холостыми подругами.

Я своих демонов знаю лично. Первый — мастер спорта по вредительству — моя жена. На спор доводит до самоубийства нильских аллигаторов.

Второго звать Авось, он скромнее.

Жена коварней и неотвратимей, но Авось тоже фрукт. Например: в понедельник очень мне хотелось пить.

Зашёл в Макдональдс, вы знаете, самый дешёвый способ прослыть хорошим родителем. Ещё клоуны у них неповторимо ужасные.

Мне хотелось пить.

— Фанты мне, говорю, побольше!

Унылая девочка за стойкой загребает лёд совковой лопатой и сыпет в стакан. А на дно чуть фанты, для цвета. И вся эта Антарктида — мне.

Сантехник, его кот, жена и другие подробности

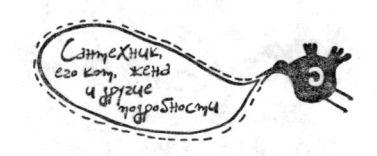

Я с детства помню: съешь снежок, и школьных друзей моих прекрасные черты растворяются недели на три. Температура, в горле лава, в носках горчица.

Мне бы возопить, — куда, мол, сыпешь, оторва! Окстись! Чай, не месяц май, и не юноша я, с жарким нутром...

Но тут, откуда-то с середины очереди зашептал Авось:

— Ничо-ничо, ты же взрослый! Какая ангина, обойдёшься лёгкой хрипотцой! Голос будет такой... с песочком. Даже эротично. Женщины страсть как любят простуженные мужские голоса...

Прошло два дня. У меня дискант а-ля Фаринелли. Распалясь, перехожу на сопрано. Женщины с меня хихикают.

Гланды разбухли и болят. Стали как закатные солнца: малиновые, огромные. Будто Босфор в горле, сходящиеся скалы, крупную пищу внутрь меня не пускают.

Я стянул у Ляли шарфик, обмотался.

Три дня питаюсь чаем и скользкими маленькими пилюлями, приятно-зелёными, у Люси были. Надеюсь, они от этого, чем там я больной. Инструкцию к лекарству не нашёл. Пересчитал кол-во в упаковке — тридцать.

Резанула страшная догадка про женскую контрацепцию. С опаской смотрю теперь на луну и на себя в зеркале. Наощупь пробовал найти на себе место, где, возможно, не случится теперь овуляция. Не сыскал. Наверное, уже не случилась.

И раздражительность какая-то...

Если к декабрю понабегут быстрые легкие слёзы, значит, дэмоны спелись и ржут теперь.

На утреннике дед Мороз ни один костюм не угадал. А дети, они за справедливость, не смолчат.

— Иди ко мне, фея...
— Я не фея, я снежинка!
— Хорошо. И ты, крокодильчик, подходи...
— Я не крокодильчик, я черепашка!
— Ладно, ты — черепашка. Будете песенку петь. Третьего мы позовём... это будет... ты-то крокодильчик?
— Не крокодильчик я. (*Плачет*)
— А кто?
— Динозавр!

...Танцевали. Надо было хлопать себя по разным органам, не путаться. Голова-живот-попа-колени. На скорость.

глава 53

В конце танца все смеются над глупейшим из родителей, что спутал попу и голову. Искромётный сценарий такой.

В тупые родители наметили маму одного турецкого султана, крупную даму в очках. Она выглядела безобидной. Никто ж не знал, что сам султан — невоздержанный холерик.

Когда мама запуталась, дед Мороз захохотал саркастически «Шо ж вы, мамо». Все захихикали следом, а янычар не вынес — прыгнул на деда и стал разрывать на тысячу маленьких дедов Морозиков. Мальчика оттащили, но он опять разогнался — и головой деду в пузо. Рассчёт был верный. В султанской чалме крупный брыльянт блистал, из люстры. Если в печень таким попасть, да с разбегу, не то что смеяться, как дышать забудешь.

Не будь дед такая каланча, — с ёлки своим ходом не ушёл бы.

Зал султану аплодировал стоя. Потому что нечего маму обижать.

Мне сказали, народ алчет песен. Надо пять-шесть, про зиму и любовь. Обещали слушательниц эзотерического толка, разумеющих светлую грусть.

Прихожу. Педагогический курятник. Самая модная песня у них — «Отцвели уж давно». Она же самая жизненная.

Сижу в углу, строю инструмент. Дамы подкрадываются, блестят в меня лорнетами.

— Ага! — радуются. — Превосходно!

Будто я поросёнок в яблоках и с хреном.

Впорхнула гений конферанса, женщина-праздник. Светится, хоть прикуривай. Не разделась, сразу ко мне:

— Я выйду в начале, буду бить в треугольник, как будто это куранты. Правда здорово придумала?

глава_53

Кивнул. Зачем расстраивать. Может, думаю, есть в том сермяжная правда — убивать училок треугольником.

Я ведь думал: три раза брякнет (третий звонок) и уймётся. Так нет же!

Она подражала самым долгоиграющим курантам, чередовала феерические звонкие трели морозными переливами и драматическими адажио.

Причём никто же в зале не знает, что эта тётя — куранты. Все думают, она просто стоит и долбит одну ноту, потому что с ума сошла.

Лицо конферансье при том плясало нечто новогоднее. Подмигивало, поднимало бровки, многозначительно косило на ёлку, губками делало плям-плям.

Всем сделалось неловко и до слёз скучно.

Понимаете, треугольник такой инструмет, больше часа терпеть его соло можно только за очень отдельные деньги. В детском саду партию треугольника поручают толстым и глухим, и тем, кто вчера описался. И то, все они потом стыдятся и до пенсии скрывают, что играли в саду на треугольнике.

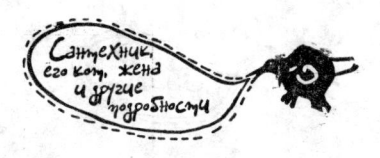

С последним дзынем сделался как бы Новый год и заснул последний зритель. Конферансиха залудила прегадкое буриме собственного приготовления. Начало такое:

> *Новый год, новый год...* (пять раз)
> *Что он нам всем, друзья, принесёт...*

Потом, собственно, был концерт. Первая часть — дремучая бардятина. Про горы, деревья с человеческими эмоциями, и про способы разделить банку сардин на шесть голодных идиотов.

Ко второй части удачно опоздал С.Б., джазмен-алкоголик. Он тоже пришёл скулить про снег и чувство, но как-то не так заскорузло у него получается.

Как многие жители страны двух конфессий, он начал праздновать Новый год на католическое рождество, а старый Новый год ещё не наступил. Оттого дорога под ним змеится, выскальзывает и даже отпрыгивает в сторону.

С.Б. в пути подруливает себе бровями и чехлом гитары.

Пролез сквозь зал, плюхнулся на сцене, рядом. Расчехлился. Дыхнул на первые ряды так, что запотели лорнеты.

Глава 53

После антракта мы с ним пели дуэтом, но быстро стало лень. Потренькали «прощание в Венеции», повернули к финалу.

Тут у нас принято вовлекать в пение зал.

С.Б. шепчет: давай «виноградную косточку», я там слабаю импровизацию, под Джо Пасса.

Чего-то раздухарились, проигрыш залудили на 24 куплета. И с тех пор все педагоги не любят джаз.

Господин посол мужчина важный. Унитаз у него большой, как церковь. И что-то в унитазе сломалось.

Господин посол решает для себя — не посольское это дело, унитазы починять. Вот был бы примус, тогда да. А за горшки — нет, не берётся. Ссылается на крайнюю рукозадость, присущую послам большинства мировых держав.

Секретарь посольства звонит по газете во «все виды сантехнических работ». И вот, мастер Женя приезжает. Добрейшей души. На входе его обыскали, но не отобрали ничего. Потому что лицо честное. И мобилку оставили, хоть в мобилке мог быть тротилловый эквивалент ракеты «Булава», или даже фотик.

Посол заглянул, спросил — «Хав а ю»?
— Женя, — признался Женя.

глава_СЭ

— О! Джек! Овзихавтуплэйтугезалисенпикчерзтумайстори, йез? — спросил посол более детально.
— Йез, — Женя в ответ слепил такое умное лицо, какое только можно слепить из двух пуговок, картофелинки и лукового перегара.

Большому, красивому как церковь унитазу Женя сделал наркоз, провёл резекцию и, якобы случайно, оторвал бачок с корнем.

(На самом деле, так поступают все настоящие сантехники, чтоб потом было, о чём рассказывать.)

И грянул потоп.

В посольском туалете ведер с тряпками нет.

И вот, Евгению мерещится ужасное: госпожа наша Латвийский Президент пьёт корвалол стаканами, вся в пятнах, трясёт нотой протеста на пяти страницах и орёт по-русски:

— Что это такое, сука! Зачем ты затопил посольство!

Женя сдирает с себя свитер, хочет вытереть вооружённый конфликт между Родиной и Англией.

А вода прибывает. Женя ищет, чего бы перекрыть, забегает за угол, там в душе человек плещется. Женя кричит сквозь перегородку, громко, но вежливо, чтоб не испугать:

Сантехник, его кот, жена и другие подробности

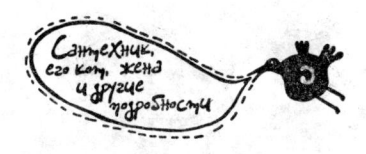

— Простите, где тут перекрыть холодную воду можно?

Теперь представьте: вы — жена английского посла. Моетесь в душе, вся, вместе с сисями. «Джингл белз» напеваете. Как вдруг вбегает полуголый инкогнит, орёт взволнованно, очень похоже, что по-арабски. И совсем не кажутся его слова предложением дружить народами.

Жена посла заявляет твёрдо, что из душа не выйдет, потому что верна стране, королеве и, по возможности, мужу. А ещё лучше Девиду Бегхему.

Евгений переспрашивает:

— Чиво?..

Тут слушатели-мужчины обычно перебивают рассказчика, интересуются, какая она из себя, дрим вумен оф бритиш амбассадор. Женя врёт, говорит не рассмотрел, и что вера в Бога не велит ему алкать чужих тёть. По жару отпирательств всем делается ясно: сеанс имел место. И размер груди был минимум четвёртый.

А вода прибывает.

Женя убегает вдаль, искать вентель. Леди, прикрыв полотенцем собственность господина посла, зовёт всю королевскую конницу, всю королевскую рать. Прибега-

Глава 53

ют конница и рать — в туалете нет никого. Лишь озеро до горизонта разлилось. А Женя решил предупредить шефа о конфузе.

(Владимир Сергеевич, у вас есть чем застрелиться? Ну, слушайте, тут такое дело.)

Набирая номер, Женя случайно забрёл в спальню господина посла. Совершенно случайно.

Не ждите наигранных реплик — «Кто спал на моей кровати и разорвал её на тыщу маленьких кроваток!» Всё-таки Евгений — не дикая селянка Машенька. Он не валялся в перинах, просто фотографировал немножко. Той самой, неотобранной мобилкой. Потом, когда конница и рать выкручивали обе его руки и левую ногу, объяснял по-шпионски правдоподобно: снимал на память, вдруг никогда больше не удастся побывать в спальне Английского посла...

Теперь мы всей фирмой ждём прилёта из Англии ракеты Першинг с вот-такой боеголовкой, которая будет являть собой адекватный ответ на Женину дерзость. Страшно, йопт!

У барда Юры водилась чудесная женщина. Она в палатке спала за просто так, не требовала поутру БМВ в подарок. И от ля-минора её не тошнило. Почти. Мы все Юре завидовали разноцветной завистью.

Но Юрино небо рухнуло, как штукатурка в борщ, внезапно и с обидными последствиями. Его женщина ушла к джазмену. На слёт гитаристов с большой буквы «Г» Юра приехал соло. Быстро-быстро напился и стал нервно петь про поезда, про закурить и разом всё перечеркнуть. Сообразительные барды посуровели лицом, заныли солидарно-надрывное, про бетон мужской дружбы в противовес испаряемости женского рода.

глава_сэ

На первом же ай-на-нэ, тряхнув воображаемым монисто, в круг вскочила чужая тётка. Вся в малиновом трико. Сама белая, огромная.

Бардов этим не проймёшь. Нас не занимают здоровущие пляшущие бабы. Мы вообще считаем абсурдом танцы на трезвую голову в одетом виде. Должно быть, эта женщина приблудилась от ролевиков. Судя по лицу, она была у них предводитель гоблинов.

Игнорируя ритм, женщина сделала несколько опасных прыжков. Сосед справа опознал в них танец пьяного паровоза. Сосед слева сказал, что видел похожую пантомиму у Марселя Марсо, она называлась «толстый удав умирает». А бард Виталик, который в пьяном виде способен видеть будущее, сказал — нет, это цыганский танец «Ручеёк».

Когда женщина закричала «хоп! хоп!», стало ясно, щас она споткнётся и будет беда. Стоящие поодаль прикинули, на сколько увеличится их порция шашлыка, если дама упадёт удачно — сразу хотя бы на троих.

Но тётя сменила концепцию. Она придумала кокетливо сесть на колени абстрактному мужчине. Не знаю, чем именно привлекли её Юрины мослы. Наверное,

Сантехник, его кот, жена и другие подробности

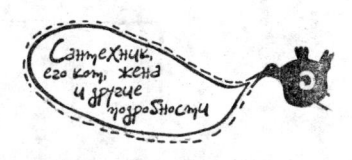

у некоторых женщин в заду есть специальный орган, распознающий свежих холостяков.

Юра видел, какая попа близится. Успел подумать, что вместо ужина будет реанимация, но спастись уже не мог. Женщина села.

И что-то хрустнуло. Два раза. Первым, понятно, был стул. А потом, когда они упали, был ещё второй «хрусь», пронзительно-печальный, похожий на Гибель Любви. Все ясно слышали этот скорбный звук.

Юру достали, отряхнули, вправили что вправилось, ненужное отломали, выбросили. Женщине сказали правду, она обиделась, ушла.

Юра молчал весь вечер, а к утру написал сразу тридцать матерных частушек.

Я вам не могу их тут спеть, вы сразу разбежитесь.

Стоял во дворе грузовик, ЗиЛ. В кузове — ящики. И на них такие надписи волнующие. Ирис «Золотой ключик». леденцы «Монпасье», батончики «Буратино», карамель «Раковая шейка».

Кто-то из пацанов высмотрел, вычитал, и мы спланировали дерзкий налёт. Решили грабить днём. Цель нападения — ящик с надписью «барбариски». Лезть поручили Ромке Паталую. Не поручили, просто забросили в кузов тело. Он длинный, но лёгкий. Кричим:

— Сбрасывай ящик!

Рома лазил, лазил... Сбросил ящик. Спрыгнул сам. Добычу взвалили опять же на Рому.

— Теперь беги!

Рома побежал. Все орали, куда надо сворачивать, но Рома бежал только прямо, как паровоз. От страха, наверное, разучился поворачивать. Он худющий такой, дохлый, галопирует неэстетично и неэффективно. Все носятся вокруг, советы дают, как дышать, как носком толкаться и шаг делать шире, и что «Рома-сука-куда-прёшь-давай-на-стадион»... А он только сипит, синеет и сгибается в вопросительный знак.

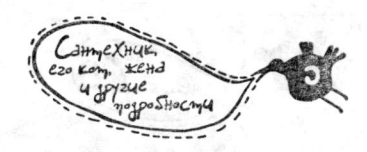

Забежали за железную дорогу. Тут у Паталуя крен случился, вправо. По большой дуге обогнули одинокий гараж и побежали назад. Опять через железку, потом влево на мост, потом назад, под мост...

Цель наша не имела топографического выражения. Мы бежали, пока Рома не упадёт. И он рухнул. И сказал Рома односложно, что больше не может, очень устал и переживает полное крушение надежд из пяти-шести букв, вторая «И», и это не «фиаско».

В результате петляний от ЗиЛа мы отбежали шагов на сто, не больше. Но уходить от погони надоело, хотелось уже делить. Осмотрели. На этикетке значился «золотой ключик» — не барбариски. Роме, теряющему под кустом интерес к жизни, попеняли на невнимательность, но в целом простили, обошлись пендалем. Стали драть фанеру. Потом упаковочную бумагу.

Конечно, никакие это не конфеты были. Это были резинки под консервные крышки, огурцы дома закатывать. Целый ящик. Советская промышленность тару экономила.

— Так вам и надо, сволочи! — пошутил Рома из-под куста зелёным голосом.

Мы в гневе все местные берёзы резинками увешали. Швырялись. Хотели ещё шины ЗиЛу проколоть, из мести, но запалу не хватило.

При том при всём нашу компанию учителя называли «хорошие мальчики». Наверное потому, что мы никогда не грабили поезда.

Школа.

В день первый Маша зевнула:
— Всё нормально, только гладиолусы тяжёлые.

В день второй жаловалась на скуку — никто не спрашивает, а она знает всё и могла бы рассказать. Про динозавров — так даже в лицах и с примерами на живых людях.

В третий день Маша потеряла телефон и кошелёк. Жизнь сразу стала ярче. Машу спрашивали все подряд, помногу раз. Правда, задавали не как хотела, научные вопросы о монстрах, а мелочи — где твои мобильник, кошелёк и совесть, девочка. Хоть им ясно было сказано — потеряла. Потом, как и обещала, всё само нашлось на полу под партой. Кроме совести, которая по сути лишь метафора и не может ни пропасть, ни обнаружиться. Это вы должны понимать, взрослые же люди.

Ездил в детстве на охоту, на уток. С мужиками. Мужики матёрые, вонючие водкой, портупеей и носками. Настоящие охотники. Матюки такие, что чуть громче — утки бы падали без выстрелов. От шока.

В будке, на спине плачущего в гору газона жарили яишницу. Куриные яйцы жарили, собственными рисковали в сантиметре от раскалённой сковороды, прикрученной (казалось) прямо к газовому баллону. На полном скаку. Весело и страшно!

День ехали. Байки и гогот. К ночи добрались до хутора. Долго пили, потом шли спать на сеновал. Детей двое — я, и не помню уже кто. Забрались на вершину, смотрели спутники. Раз в десять минут из-за стола прибывали ослабшие. Все нанизывались задами на хозяйские вилы, спрятанные в сено для юмора, ойкали и головой вперёд втыкались в пыльные травы. К четырём утра стог был нафарширован мужиками под завязку. Пятки торчали во все стороны, как орудия броненосца. Сеновал Потёмкин-Таврический.

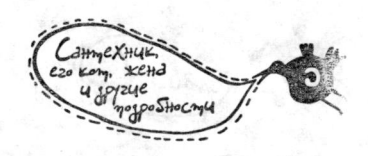

Последним пришёл Иваныч. Самый голосистый и бездонный. Он тоже ойкнул, почесал уколотое полушарие и почему-то пошёл спать в собачью конуру. Схватил мухтара за уши, выволок из будки и занял нагретое место.

Утром все мужики злющие, будто не мухтара, а их с тёплого повыгоняли. Рожи синие, губы как сосиски. Один Иваныч, счастливый, спит в центре двора пузом к солнцу. Он встал в пять утра и, шутки ради, выпил три бутылки, оставленные компанией на опохмел. Остряк. Бэнни Хилл.

Никто не смеётся. Даже не улыбается сардонически.

Взяли проглота за конечности, раскачали, вбросили в кузов, поехали дальше. В тишине. В страшном молчании. Иваныч издевательски храпит весь остаток пути. Нагло. Точно в уши и звенящие мозги.

Потом была собственно охота. Пальба, спаниэли таскают селезней, в каждом кусту свой Мюнхаузен. Иваныч тоже шёл охотиться, но теперь спит в луже. Потом рассказывал, что просто устал, и подумал «на фиг!», и лёг, и уснул. А вечером встал и полез по камышам уток собирать. Больше всех набрал. Ни разу не пальнул в тот день.

Зато на следующий — повесил на сук жестянку из-под сардин в томате, отсчитал полста шагов и по-Лермонтовски поднял ствол. Проверял себя на меткость.

Естественно, засадил кому-то в Ж. Всего одна дробина, но извинялись всей компанией, поили вражеских охотников.

И всю дорогу — Иваныч... Иваныч... Иваныч...
Как А. Калягин в «Зд., я ваша тётя». Пока в кадре — всё переливается и блестит. Выходит за рамку — будто потеряно что-то...

Я вовсе не стремлюсь к алкоголическим подвигам. Меня восхитила тогда Иванычева отдельность от всех. Бесконечная свобода, которая не через убегание от общества рождалась, а прямо тут, в присутствии. Не нравится — сами бегите. Беспредельный кураж.

Теперь скажите мне, что такое обаяние?

У доктора дочка, они приехали на день рожденья к одному мальчику. Подарили вот-такенную машину. Мальчик покосился...

Спрашивает:
— Ты же врач?
— Врач...
— Никуда не уходи!..

Теперь доктор сидит, пришивает лапу медведю. Аккуратненько так, крепко-накрепко. Он хирург по образованию, а в клятве Гиппократа говорится про помощь всем печальным существам, не только людям.

Люська — циник по образованию — побежала в прихожую, схватила свою дублёнку и стала подсовывать вместе с оторванной пуговицей
— Вот овечка, зовут Людкой, — говорит...

Глава 53

А в клятве Гиппократа ничего не сказано о тех, кто при жизни нуждался в помощи, а теперь стал шубой или ботинком... И вообще, могла б сама пришить.

Люся меня обидела. Сказала, что я голодранец. За это я отказался есть её суп. Это была моя месть.

С очень прямой спиной я пошёл в кулинарию за едой. У меня под домом кулинария. Там продают кишечные инфекции. Постоянным клиентам в подарок язва всего пищеварительного тракта.

Вы не представляете, как приятно быть одиноким мужчиной в женской очереди. Особенно, если берёшь сентиментальные кефир и полуготовые шницеля. Ах, как все сопереживают прямо вам в позвоночник!

Конечно, не все так просто. Надо ещё уметь дрогнуть голосом, произнося:
— Три голубца, пожалуйста.

глава 53

И улыбнуться миру устало и снисходительно.

Разрушительная мощь этого приёма огромна. В нём больше чувств, чем во всех романах Шарлотты Бронте вместе взятых.

Чуткая очередь вздыхает выразительно. Будь эта очередь женской сборной по пляжному волейболу, я б на ней женился. Настолько мы друг другу симпатичны. Но пляжных волейболисток ещё с детства раскупают и сторожат потом с доберманами. В очереди клубятся одни метательницы молота и ядер, недефицитные с детства. Я стесняюсь таким женщинам предлагать серьёзные чувства.

Обычно продавщица радеет обо мне, намекает недвусмысленно:

— Не берите блинчики, мужчина, возьмите строганов, он свежее.

Бровями взмахнёт, как птеродактиль, и ударение сделает:

— Свежее он!

И сразу понятно: блинчики сулят тяжёлое отравление — сыпь, удушье, долгую агонию. А от строганова выйдет лишь весёлая беготня по коридору, к сортиру и назад.

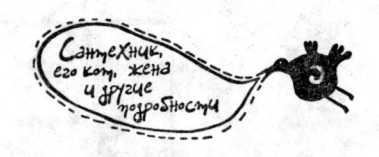

Так всегда было. А тут продавщица ничего не сказала. Только посмотрела в глаза долго, как бы прощаясь. И промолчала.

И конечно, это оказались быстродействующие голубцы улучшенной ядовитости.

Очень, очень неудачно обиделся я в этот раз.

Когда Машке было четыре года, а Ляльке один, я вдруг упал на колени и стал молиться. Дрогой Бог, обратился я в сторону спутниковой антенны, спасибо тебе за всё. У меня всё есть, но очень хочется спать.

И на следующий день, без предварительных знамений прямо с неба спустилась тёща. У неё были крылья с бриллиантами, сапфирные глаза и другие признаки святости. В частности, авоська с едой на три дня. Если грамотно распоряжаться, авоськи могло хватить до субботы. И сказала тёща голосом доброго змия:

— У вас времени — до шести. ЭТИХ я задержу. Бегите куда хотите и познайте там добро.

Мы ж не дураки тратить время на переодевания. Мы, в чём были, прыгнули в мой большой американский лимузин и поехали на море. И выехали на пляж, пустой по осени, и разложили сиденья.

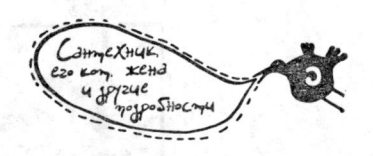

— Ты готов испытать блаженство? — спросила Люся, игриво подняв бровь.

— Я ждал этого вечность, — ответил я самым жарким из всех своих шёпотов.

В ответ Люся улыбнулась и дрогнула ресницами. А я обдал её перегаром, расстегнул ворот рубашки и рукава. А она скинула шлёпки.

И мы обнялись и уснули самым нежным образом.

Потому что две маленьких девочки кому хочешь докажут — нет в свете счастья, есть только покой, воля и три часа чтобы поспать.

Дети — птахи божьи. Даже в выходной встают с шесть утра и чирикают. Летают по жилищу, ищут чего поклевать. А мы спим, нам очень хочется. Выходной. Им же некогда спать, детство кончится вот-вот и конфеты потеряют вкус.

Когда дети приземляются, важно успеть спрятать пузо, иначе печёнки и всякие желудки могут пострадать. Не говоря уже про непасхальные тантрические символы.

Вчера — помню скозь дрёму — с меня стянули одеяло и считали родинки — 103 шт. Я похрюкивал от счастья.

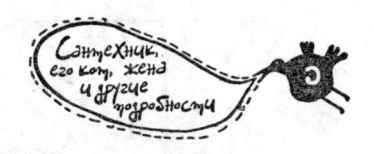

А сегодня я был бережком синей реки. На мне сидели и болтали ногами, с меня ловили рыбу, потом на мне же развели костёр и варили уху.

Люся спросила не просыпаясь:

— Лаврушку кинули?

По пробуждении не помнит. Рефлекс, однако.

Сестра моя мечтала о собаке. О настоящем лохматом друге. Поэтому с первой стипендии завела ротвейлера. А со второй — мужа. И съехала. Пёс остался скрашивать одиночество мамы, которая всю сознательную жизнь ненавидела квартирное собаководство.

Совесть сестры чиста. Она говорит, что теперь маме не скучно, не страшно и к тому же не малоподвижно. Для лектора в возрасте это дорогого стоит.

Однажды пёс пробрался на балкон и съел полмешка сухого корма. Девять кило. Воды ему пить нельзя было, он бы от воды сразу раздулся и лопнул. А прокакаться не мог, насухую. Маман с двух ночи до пяти утра носилась с этим мешком какашек по стадиону, спасала глупую четвероногую жизнь.

Сантехник, его кот, жена и другие подробности

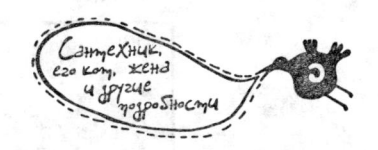

В три года у собаки обнаружилась эксплозивная психопатия. Он совершенно не умеет ходить пешком — только вскачь и только в режиме максимальной тяги. При том хрипит и пенится. Маман, чтобы сохранить равновесие, сильно откланяется назад и бежит в полуприседе. Когда они мчатся вдоль кустов, собаки не видно — похоже, женщина несётся на водных лыжах по асфальту. Лицо у ней при том сердитое. И речи.

У матушки всякие учёные степени, на работе она вся важная, знает слова аккомодация, конвергенция и апперцепция... К ней раз студенты напросились в гости, дипломники. Подошли чуть раньше. А на них из-за угла выстреливает доцент С. в косынке набок и в бигуди. Кренится в повороте, как глиссер. Летит, влекомая чудовищем с раскрытой пастью. И в хриплом дисканте её различимы слова на Х, на П, на Б, и на З....

Потому что аффект.

— Надежда Гавриловна, какие вы слова знаете! — сказала Таня Приходько, очень симпатичная девушка, кстати...

Изучал Люсины пропорции. Оказывается, периметр Люси в районе экватора — 62 см. Длина ноги, если мерять от острова Гаити до Южного полюса — 108 см.

Из этих 108-ми, юбка прикрывает 31 сантиметр (жаркую, экваториальную зону).

Потом подумал, что Люсин экватор должен обозначать не середину, а самое широкое место на планете. На Люсе самое широкое значительно ниже прежнего экватора и составляет 87 см. А 62 — это длина параллели в районе субтропиков.

Но люблю её, конечно, не за эти синие глаза (левый Тихий, правый — Атлантический), а за Ум, за ноосферу.

Сантехник, его кот, жена и другие подробности

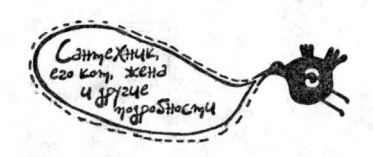

Улетает на три дня. Говорит (шутливо):
— Постель менять не буду, чтоб никого не водил.

Походила туда-сюда, рассердилась, стала перестилать на свежее.
— Ты ж дурак такой, притащишь, и что твои бабы обо мне подумают?!

(Вовсе нет у меня никаких баб, но я не признаюсь, чтобы казаться дороже.)

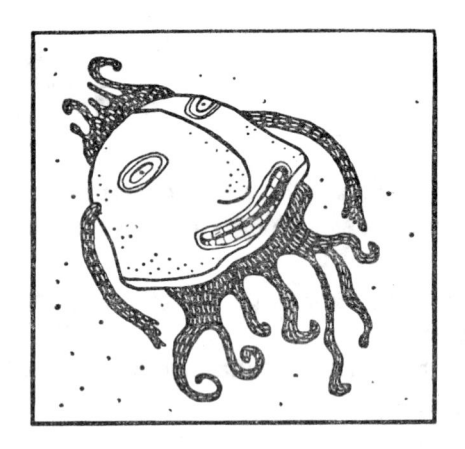

Мой приятель Игорёк умел петь песню про медуз. Тихо и проникновенно. Поэтому его любили шесть красивых женщин и тридцать — с обыденной внешностью.

Тридцать седьмой стала Рита.

Вообще бесперспективняк.

— Чё мне делать, Слава? — она вздыхала, как стадо влюблённых слонов.

— Если сидеть в углу — ничего не высидишь. Соверши красивую глупость, чтоб было чего вспомнить, хотя бы...

И вот однажды Рита вышла в центр зала, где сидели тридцать шесть других женщин, и сказала:

— Маяковский.

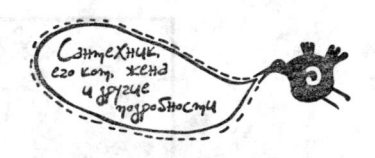

В ресторане было от электричества рыжо.
Кресла облиты в дамскую мякоть.
Когда обиженный выбежал дирижёр,
Приказал музыкантам плакать...

И ушла. И все ей смотрели вслед, даже второй номер в списке особ, имеющих право чмокать Игоря в щёку, Наташка. А у Наташки глаза, между прочим, один синий, второй светло-карий. Но даже она понимала, что это был личный её, Наташкин капут.

Неделю Ритка яростно целовала бедного моего приятеля по подъездам, потом бросила.
— Чё мне делать, Слава? — спрашивал теперь он. Снимал при том интеллигентские очки и тёр переносицу.
А что ответишь? Если было и прошло — значит голяк.
Игорёк уехал в Питер и стал гениальным гитаристом. Играет в шести группах и живёт в коммуналке где-то в районе наб.р.Карповки. Жена у него симпатичная и умная. Песню про медуз не слыхала ни разу.

Ты, Египет, сам виноват. Зря к зиме снижал цены.
Трындец тебе.
Незабудкина в тебя едет. На неделю.
Бедный, бедный Египет!

Первыми заплачут акулы.
Люся Незабудкина никогда их не ела, но хочет.
Они ж доверчивые, как телепузики, близко подплывают к белым женщинам.

— Биг вайт вумен! — радуются акулы. — Хай!
— Еда! — радуется Незабудкина. — Беззащитное рыбье мясо!

Бедные, бедные акулы!

Или «Рассвет с горы Синай».
Люся Незабудкина думает, что Синай в Египте.

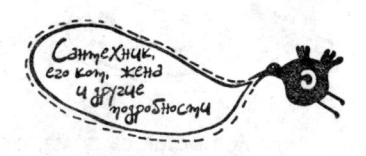

Ну допустим, приползёт гора в Египет, как того требует Люся.

А часов у Люси нет. Ну есть, только биологические.

Надо ж ещё совпасть с расписанием Люсиных восходов...

Бедный, бедный Рассвет на горе Синай!

Не знает, каково это — опоздать на встречу с Незабудкиной.

А крокодилы в Египте есть?
Бедные, бедные крокодилы!

Кто там ещё остался, тараканы и холера?
Холере — соболезнования.

А вот тараканы могут выжить.

У Незабудкиной инсектофобия. Насекомых Люся поражает визгом. Но насмерть ещё не умеет.

Поэтому первой в гостиничный номер врывается Наталья Аркадьевна, попутчица, бест-оф-френдс. Разгоняет нечисть аплодисментами, топотом, свистом. Только потом, по сигналу «хороша у нас в саду черешня», входит Люся.

глава 53

А я остаюсь дома, с детьми. Это просто, воспитывать двух девочек. Я умею гавкать «Ну-ка есть!» и «Ну-ка спать!»

У меня хорошо получается. Ляля спит уже на тридцатом гаве. Маша — не знаю, после сотого засыпаю сам.

Умею варить сосиски, знаю, где лежат колготки (не знаю где — чьи).

Вот только волосы... По утрам из них и резинок надо взбивать композиции «под принцессу».

Я же умею только под «женщину с Марса».

А девки в гневе — вылитая Незабудкина.

Бедный, бедный я...

Дантисту Петрову выпало хоронить родную тётю.

Петров пригласил на похороны струнный квартет. Это интеллигентно и очень тонко. И всего шестьсот долларов. Духовой оркестр на похоронах выглядит вульгарно. А эти пришли, культурные такие, во фраках, поставили пюпитры.

— Ты конечно же не забыл взять ноты? — интимно пошутил первая скрипка в ухо виолончели.

Раздобыть ноты Шопена обещал виолончель, самый ответственный из всех. Но вместо партитуры коллегам было представлено бесподобное по драматическому накалу описание минувшей ночи — с кражей носков из магазина, последующим мордобоем, пьянкой и нежно-зелёным утром, встреченным в объятьях некой одноногой Зины.

глава 53

Тётиным похоронам забрезжил финал как на обычной свадьбе, с битьём музыкантских морд.

— Ну, что теперь, мы будем играть одноногую Зину? — спросил первая скрипка, записной острослов.

Наизусть они знали только танго Пьяццолы, музыку нервную, красивую и, самое важное, сулящую сердечный приступ самому Петрову, заказчику праздника. Ситуация накалялась. Дантист Петров из противоположного угла делал бровями знаки, разрешающие играть. Тётю вот-вот должны были внести.

И тут альтист вспомнил, у него же с собой есть другие ноты, Моцарт, «Маленькая ночная музыка». Произведение необычайной жизнеутверждающей силы, игривое и оптимистичное. Никогда и никто ещё не смотрел на воздушного Моцарта так угрюмо, как тот струнный квартет. Сговорились играть в четыре раза медленней, на ходу перекладывая в минор.

Первая часть получилась модерн, мазурка. Гости такое музыкальное сопровождение нашли очень свежим и проявили к квартету больше интереса, чем это принято на похоронах. Когда доиграли до припева, когда шесть крепких алкоголиков внесли тётю, Моцарт поступил как подлец. В минорной раскладке своего произведения, в припеве, он зашифровал русский народный танец «Цыганочка». Вы знаете — бубны, мониста, лохматые мужики с медведем на цепи, мохнатый шмель на душистый хмель, эх, раз, ещё раз...

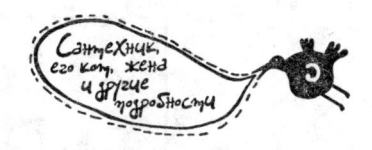

Так возник самый разнузданный и разухабистый похоронный марш со времён изобретения похорон.

Несущие гроб мысленно переглянулись.

— Эх, прокачу? — насторожились они. Никто не знал, как правильно носить гробы под музыку развратных танцев XIX-го века. Логично было бы вприсядку, но такое переосмысление традиций может вызвать возражения со стороны родственников кикиморы.

Хорошо у Моцарта припев короткий, после цыганочки мазурка звучала вполне печально. Дальше пошло ещё лучше. Гости постепенно привыкли к музыке, на восемнадцатом припеве уже притоптывали и танцевально поводили плечами. А к тридцатому кругу даже тёща забыла о намерении похоронить своего Петрова рядом с кикиморой. В общем, хорошо всё закончилось. Потому что упорство и уверенное выражение лица всё побеждают.

Дом без женщины звереет.
Дикий делается, наглый, как обезьяна.
Уж я кнутом ему грозил...

Хуже всех — посуда.
Мыл её восемь раз.
Всё равно замаранные плошки ржут из всех углов.
Думаю, они самопачкаются и расползаются по квартире.
Вечером выстрою всю сушилку и каждую десятую тарелку расстреляю к чертям. Уцелевших в цепи закую. Пусть знают.

Где стоял диван, теперь разорённая берлога. А в коридоре йети натоптал болотной грязи.

Сантехник, его кот, жена и другие подробности

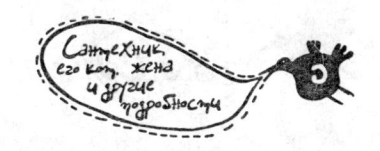

На кухне забавное:

Если хлопнуть в ладоши, с вершины мусорника сходит лавина, как с Казбека.

Сфотографирую феномен, пошлю в Нэйшнл Джографик, они там любят катаклизмы.

Это всё Люся. Отъезжала, болтала о второстепенном:

— Смотри, не одевай на Лялю розовое с оранжевым, это не подходит. Сочетать следует синее-белое-голубое, красное-чёрное, розовое-белое-серое. В крайнем случае — оранжевое-зелёное.

А про главное, как заклинать демонов домашнего беспорядка — забыла!

Победить их без магии нереально. Разве только повернуть сюда Западную Двину, чтоб река смыла эти пампасы-прерии-конюшни.

Мне с вами теперь некогда эпистолярничать. До полуночи надо перебрать фасоль, посадить сорок кустов, переловить детей, убаюкать медведя и познать самое се-

Глава 53

бя. Если успею, скажу всем, что еду на бал, сам мордой в тыкву — и спать.

А розы как-нибудь вырастут сами.

P.S.

Ещё позвоню Незабудкиной, спрошу, есть ли он на самом деле, этот Егигет. Может враки всё...

Мы с Незабудкиной жили как в раю, не знали дайвинга. Но Наталья Аркадьевна Люську совратила. Протянула загубник, сказала:

— Закуси, дева. И окунись...

И Незабудкина познала:

Добро — это тыкать пальцем в бока коралловым рыбам.

Зло — это сидеть на Севере, где на весь город ни одной мурены. Кроме Натальи Аркадьевны, конечно.

А вчера звонит Наталья Аспидовна, говорит: срочно смотрите кино про дайверов!

А мы ж теперь Red Sea Divers, пропустить не можем. Включаем.

глава_СЭ

Там играет тётка, похожая на Шарлиз Терон, но не она. Зато голая и в постели. И очень жизненно так, вся в терзаньях: отдаться соседу по койке или "головаболит".

Ну, думаю, хороший фильм. Наливаю в чай бутербродов, сажусь вечер коротать.

Шарлиз меж тем определилась: сосед не убедителен пусть спит как есть, нецелованным.

Ага, догадываюсь, значит грядет разгуляй в финале. Эльниньё страсти, цунами поцелуев.

Наутро Шарлиз с соседом едут нырять. То-сё, ныряют, выныривают, а катера нет. Уплыл. И весь остаток фильма они вдвоём плавают-плавают-плавают. Два киношных часа. Ругаются, целуются, машут танкерам и яхтам.

А совсем в конце их, обоих, схрумкали акулы. Всё. Ужос.

Ни секса, ни пафоса. Ни нравственного перерождения героев.

И очень жалко Шарлиз. Красивых баб в свете не так много, чтоб ими кормить акул.

Сантехник, его кот, жена и другие подробности

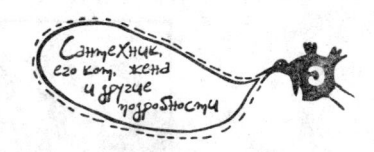

Мораль сами выбирайте, из двух вариантов:

а) Не ходите дети в окиян нырять.

б) Кто откажет соседу по койке, будет съеден без гарнира не позднее вторника.

За то что Наталья Подколодная мне вечер загубила, я ей месть придумал, леденящую. Дождусь по телеку чего-нить заунывного, вроде передачи «сельский час», и чтоб коров побольше. Позвоню, скажу:

— Смотри обязательно! Там про дайвинг сюжет будет!

Пусть сидит, изучает технику карусельных надоев.

У меня есть приятель по имени Марк Френкель. Он рокер, иногда ещё физик. Очень умный.

Как все физики, уверен: на Земле есть лишь один вид науки, Физика.

Остальные подделки под науку придумали тупицы, которые физику не осилили.

Однажды Френкель увлёкся археологией, криптологией и кибернетикой. Походя расшифровал фестский диск. Чего никто не мог, хоть многие старались.

Доктурскую защитил про диск. Выступал на симпозиумах и решил однажды братьев-рокеров причастить. По-нашему, по-Прометейски.

Сантехник, его кот, жена и другие подробности

Замутил лекцию в рок-клубе. Пришёл обритым под арбуз, чтоб все поняли, какое щас будет нифига себе. Засветил диапроектор, стал гундеть про стохастические функции, похожие на облака.

У рокеров два состояния бывает: жидкое и газообразное, они или пьют, или орут некротические песни. Им криптологии не нать, они хайры распушили, танцевать хотят. А музыки нет, нынче лекция у нас.

Марк пока вводную часть говорил — все уже пьяные.

Сидят, ржут, требуют таких слайдов, чтоб побольше эротики, с голыми археологинями. Просят очередной абзац исполнить на тон выше, в соль-мажоре...

Марк пыхтел-пыхтел, потом сдался

— Короче, говорит, голодранцы! На фестском диске зашифровано имя бога и в имени этом 34 символа! А теперь подайте мой «Страдакастер», я накидаю вам по соплям!

И стал опять нормальным человеком. Даже «Black magic women» спел.

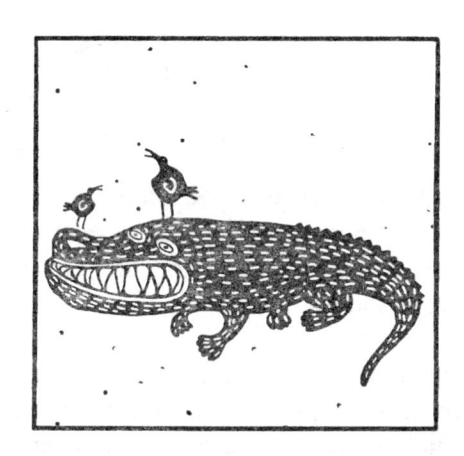

Женщины с грудью, бойтесь козлов! Потому что к вам любовь может быть особенно жестока. Вот Алина, одна моя знакомая, всегда покупает себе «D». И кто скажет, что это не прекрасно, тот никогда не плакал пьяными слезами в это самое «D».

Женихи Алине доставались особой, повышенной степени козлиности. Первым был Евгений, молодой, перспективный алкоголик. Жизнь с Евгением обещала много интересных событий. В книгах такие называются «трудное счастье».

У второго, Сергея, в анамнезе значилась жена, не поддающаяся разводу. Тоже увлекательно.

У третьего, Дмитрия, из минусов был живой крокодил Антон, проживающий с Дмитрием в одной квартире.

Сантехник, его кот, жена и другие подробности

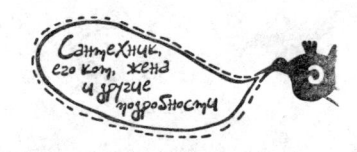

Когда желание замуж стало нестерпимым, Алина выбрала Дмитрия, потому что крокодил интересней первой жены и престижней алкоголизма.

Вообще-то, крокодил возник не сразу. Сначала были тараканы, пауки, питон и варан. В Диминой квартире жило его хобби. В каждом углу шипело, ползло и всё время где-то кого-то доедали. Потому что мужчина без хобби — это женщина.

О крокодиле Дмитрий только мечтал. На него не хватало денег.

Он заказал себе игуану. Но в далёком Петербурге, на родине российских игуан, кто-то перепутал накладные. И в здоровой склянке прислали каймана, трогательно-зелёного, заплаканного, с порушенной психикой животного. Алина не хотела делить ванну с крокодилом и требовала вернуть мечту в магазин. Тем более что и Петербург настаивал и даже грозил прислать бандитов с освободительной миссией.

Дмитрий вяло оправдывался третьим томом детской энциклопедии, там сказано, что кайман — не крокодил, а только похож.

глава_53

— Ты ещё скажи, что негр — не человек! — находчиво возразила невеста. И добавила, с горечью:
— Расист!

И ещё сказала, как положено молодым красавицам, понимающим силу своего «D»:
— Выбирай, или я — или он!

И они стали жить втроём. Молодые на диване, крокодил в ногах, в аквариуме. Пресмыкающийся завёл дурную привычку. По ночам он светил жёлтыми глазами прямо на голую Алину. Не все женщины любят такой острый секс, когда чуть не туда махнул ногой — и у тебя на полтуловища меньше.

А потом у них сбежала «Чёрная вдова», опасная паук-женщина. Один её укус убивает трёх человеческих мужчин. Легкомысленный Дмитрий успокоил Алину, сказал, что нипочём чёрной вдове не раскрыть рот сразу на трёх мужчин. А если вдова переползёт сквозь розетку и укусит соседа, значит, есть на свете справедливость.

Помолвленные месяц ходили по дому в резиновых сапогах и в брезенте, искали паучиху. Такая опасная жизнь очень их сблизила. Потом Алина научилась кормить питона смешными кроликами. А через год случайно обнаружила, что сидит и рассказывает кайману про свою жизнь. Крокодил Антон был рождён прекрасным собеседником, вдумчивым и очень тактичным.

И вообще, как-то всё наладилось. Тараканы оказались смешными шустриками, пауки робкими тихонями, питон забавно стеснялся собственных какашек, кайман до дрожи любил свежую плотвичку. Алина не представляла, что из холодных гадов может сложиться такой прекрасный коллектив.

А потом крокодил умер. Дмитрий накормил его неправильной едой. Антон три часа бегал по аквариуму на задних лапах, у него в груди всё болело. А потом стих. Ушёл в страну тёплых ручьев и нескончаемых карасей.

И сразу Алине стало понятно, кто для неё был настоящий друг, а кто садист и отравитель смертельной рыбой. Алина хотела даже к маме уехать, но не смогла оставить живых существ на этого опасного урода, муженька своего.

глава 53

Антона похоронили на морском берегу, зарыли в мокрую от слёз дюну. Через тысячу лет его найдут археологи и наплетут белиберды про населявших Латвию крокодилов, вместо того, чтоб написать правдивую лавстори. Например, такую как эта.

У Машки гланды, из-за них полдня прожил в больнице, в палате для дюймовочек. Там одна, по годам — Алиса времён Зазеркалья, пересказывала свиданье с неким Ланселотом:

— Карочи, пошли мы гулять. Ну там, баунти-хуяунти всякие. А сигарет не взяли.

И дальше начинается очень жестокий рассказ про любовь.

Иногда в палату вбегали юноши. Алиса на них фыркала, игриво называла «козлами».

Говорит мне:

— Папаша! Ну прогоните вы этих придурков! Рявкните на них, вы ж мужик!

Я так растерялся, пошёл гонять. Даже рявкнул.

глава_СЭ

Ощутил себя мужиком. Яркие, незабываемые впечатления.

А придурки вовсе не к ней шлялись, а к Ирке, которая красиво грустила в окно, свесив ногу с-под-одеяла.

Так я оказался орудием женской ревности. И мужиком, впридачу.

Придурки схлынули, сделалось скучно. Ирка ногу спрятала, зевнула.

Через два часа только самый храбрый из придурков постучался, стал задабривать всех конфетами, меня тоже.

Я его назвал Тёркин. За находчивость и упорство.

За Тёркиным другие придурки подтянулись, жизнь опять наладилась.

Соседка пришла, с забинтованным носом.

— Странно, — говорит, — на нос гипс положили, а он качается. Не должен же?

Все стали подходить пробовать — правда качается. Я тоже хотел покачать, но страшно. Отломается ещё. Набегут санитары, и всех в угол, кто отламывал...

Не наше это, не мужицкое дело, по углам стоять.

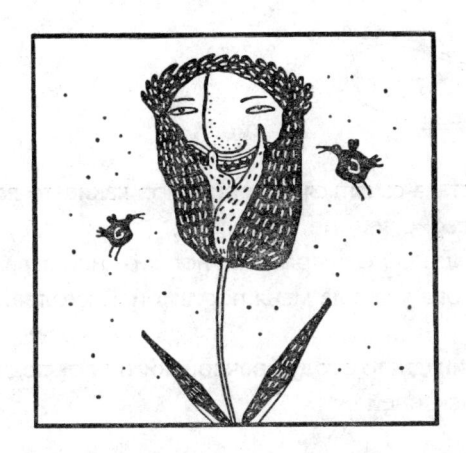

Она сказала, я храплю. И могу идти на кухню, раз не умею спать, как принято в обществе.

А я сказал, не понимает она своего счастья. Никому так не повезло, как ей. Все другие сколопендры грустят одинёшеньки в пустыне, никто им не создаёт ауру покоя и уюта лёгким хрюком.

Тогда она сказала, что боится за стёкла, очень сильно дребезжат от ауры покоя.

А потом риторическое, что на всей планете самые грубые, неблагодарные создания – толстые павианы. Они же самые вонючие.

Я ответил, что не знаю. Не настолько знаком с её роднёй, чтобы судить. Сам я из рода тюльпанов, а это другая экологическая ниша, отдельная от низших приматов.

Глава 53

Она стала смеяться, говорить про какие-то лохматые ноги, несвойственные тюльпанам.

А я сказал, что кудрями на ногах от неё заразился.

Тогда она ударила меня подушкой. По голове.

На тринадцатом году брачной жизни прелюдии делаются изысканней...

Люся любит путешествовать, потому что вжопегвоздь. Ещё, конечно, дедушка повлиял, профессор физики. Он много читал Люсе о строительстве социализма в Африке. Теперь у Люси неправильное мнение о мире. Будто везде на планете живут добрые негры, которые помогут, если чё.

Я же в детстве читал другие книжки. Например, про 20-е февраля 1945 года. В этот день американцы высадились на остров Рамри, который в Бирме. Причём на острове уже жили тысяча японских пехотинцев. Американцев этот демографический нюанс раздражал. Как бы выражая недоумение, они стали густо стрелять в тысячу японцев. Тысяча японцев побежала прятаться в болото. И там их всю ночь ели крокодилы-антифашисты. К утру

глава_СЭ

осталось всего двадцать японцев. 1000-20=980 японцев съели крокодилы всего за одну ночь всего в одном болоте.

Дальше добрая книжка сообщала, что крокодилы всей земли едят людей со средней скоростью 2000 в год. И лишь в 45-м году этот показатель был сильно улучшен японской армией.

Меня, реалиста, не манит путешествие в страну с такой интересной историей.

А у Люси вжопегвоздь, плюс дедушка. Когда Люся запела про увидеть Бирму и умереть, я сразу ей посоветовал взять экскурсию в мангровые болота. Там, сказал я, воплощаются самые смелые желания.

Бирма далеко. Поэтому Люся села в свою новенькую красную машинку и поехала просто в Польшу. Вжопегвоздь позвал её в дорогу. Вскоре на Люсином пути разлёгся литовский город Каунас, знаменитый своим мостом. Будете в Каунасе, вы обязательно увидите. Даже если ненавидите мосты, вам никуда не деться. Там за каждым поворотом прячется он.

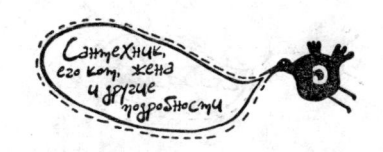

Мчится Люся, видит — мост. Значит, правильно мчится. Дальше — ещё один. Потом едет, едет — и снова мост!

«Не такой уж он маленький, этот Каунас», подумала Люся, «час еду и столько мостов уже встретила».

Потом часы и мосты пошли один за одним, отчего в голове Люси родились две гипотезы:

1. Каунас — огромный город, на треть состоящий из мостов.
2. От присущего всем литовцам желания жить вечно, каунасцы закольцевали пространство и время в районе переправы.

И тогда Незабудкина решила выяснить. И напала на местного жителя в жесткой вопросительной форме. Она подъехала к таксисту и стала махать рукой. Если бы таксист был добрым негром, он бы догадался, эта девушка просто заблудилась. Но литовские таксисты, если их прижать к бордюру женщиной и помахать, думают другое. Им как бы слышится: «мужчина, всего за двадцать баксов свою персональную гонорею я сделаю нашей общей».

Глава 53

Поэтому мужчина поплотнее закрыл стекло и помахал в ответ, как бы отказываясь от знакомства.

— Чего он машет, он думает, я с ним здороваюсь, — рассердилась Люся и стала делать рукой жесты, будто отжимая стекло таксиста вниз, чтобы он открыл и выслушал.

— Ничего мне от тебя не надо, ни снизу, ни сверху — подумал таксист и опять помахал, обеими руками и ещё головой, чтоб нахальная женщина поняла его философию целомудрия.

Махали они друг другу, махали, «может пронесёт», подумал вдруг таксист и открыл окно.

— Где у вас центр? — быстро спросила Люся.

Я бы честно показал область мочевого пузыря. Один дядька, тренер по айкидо, объяснял, что центр меня именно там. Но таксист на свежем воздухе стал прозорлив, как психоаналитик. Он понял недосказанное, что Люсю интересует середина Каунаса, прекрасного города множества мостов, пугливых как олени таксистов, пространственно-временных спиралей и непонятной ненависти к указателям направлений.

Сантехник, его кот, жена и другие подробности

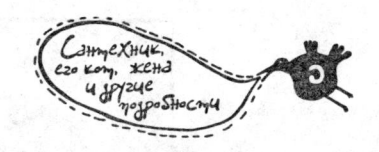

И он махнул рукой куда-то за реку и вверх, куда можно было добраться только на дельтаплане. Люся конечно же раскинула руки и полетела. Мысленно. Наяву она всё-таки доехала до Польши и вчера только вернулась, ночью. Я узнал её издалека, по маленьким красным глазкам, светившимся из маленькой красной машинки.

Говорит, неплохо съездила. Сегодня будем разжимать ей пальцы, руль выковыривать.

Говорил ей:

— Ладно, всё забыто. Хочу как вначале, секс трижды в день, на ужин Шабли и даже в магазин — вместе.

Она тараторит:

— Всё окей, но сейчас у меня Тайланд. С Наташкой, пятнадцать дней. Я же с детства мечтала слоном порулить. Ты знаешь, чем пахнет дикий слон? И что я Наташке скажу, не могу ехать потому что муж спятил? После Тая — работа на телеке, надо будет смены отработать. И корпоративки. Декабрь, сам понимаешь. На Новый год, кстати, меня тоже не будет (поднимает вверх палец, как пистолетный длинный ствол). Потом, в январе, в Лапландию, уже проплачено. А ты сам отказался, у тебя театр.

Да и не могу я так, ничего-ничего, вдруг — хоп! Люби тебя с утра до ночи.

Сантехник, его кот, жена и другие подробности

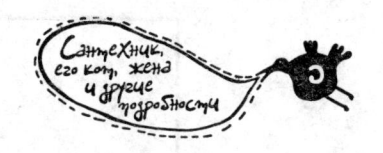

Вчера прислала эсэмэску:

«Здесь жара. Запускали в небо фонарики, бегали по джунглям, танцевали с местными на дискотеке. Сегодня будут слоны. Целую. Я.»

Приложил телефон её поцелуем к щеке — ничего не почувствовал. Понюхал, хотел узнать запах диких слонов. Китайской пластмассой они пахнут, вот что.

Письмо жене, уехавшей в Таиланд за впечатлениями.

Дорогая моя ненаглядная жена.

На письмо, в котором ты просишь поскорей выкупить тебя и Наташку с рисовой фермы, куда вы устроились рабынями, потому что деньги у вас спёрли и нечем платить за гостиницу, спешу ответить тебе, что погода у нас хорошая. С утра был дождичек, теперь развиднелось, к среде обещают мороз. Машка учится хорошо, только копуха. У Ляльки был насморк, зелёного цвета, уже прошёл. По вечерам, за ужином вспоминаем тебя. Особенно, как однажды ты смотрела телевизор, сидя в кресле, и на тебя торшер упал. Смешно.

Сантехник, его кот, жена и другие подробности

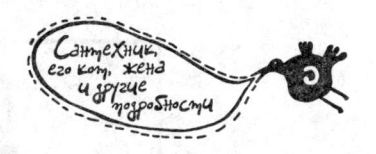

Кстати, о деньгах. Наташку, с её внешностью, можно устроить в антропологический музей. В раздел «ухмылки природы», экспонатом. Это должно быть прибыльно, азиаты любят забавных заморышей.

Целую. Твой кусик.

Самое трудное в воспитании детей — найти кулёк с физкультурой. Маша сказала, в пределах жилища есть такой мешок, в нём кроссовки и трико.

Я поделил квартиру на секторы, я ходил по ней цепью, как эсесовцы по партизанскому лесу. Я заглядывал в кастрюли, под ванну и, трижды, в ящик с трусами жены. Простукал стены, на предмет пустот. Ворвался в холодильник, застал там голубцы, лосося и холодец. Получается, последние три дня можно было питаться не только чаем, но и едой. Забавно.

Нашёл старые свои туфли, Ллойд, удобные, как кандалы. В деталях помню, как в 2001-м вынес их на помойку. И вот они вернулись. Надо как-то использовать это умение туфель возвращаться с того света. Завтра вложу записку с вопросами о грядущем и снова выброшу. Может, завяжется переписка с каким Наполеоном.

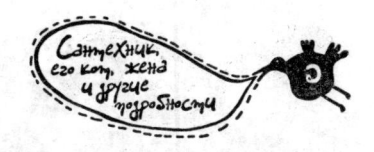

Физкультуру в школе преподаёт опасный монстр. Дети утверждают, это людоед-мужчина. Его зовут Людмила Прокофьевна, но в сознании детей сей казус ничего не меняет. Они говорят: «Людмила Прокофьевна пришёл».

Если до утра не найду кулёк с формой, этот Людмила Прокофьевна меня съест.

На всякий случай, все прощайте.

Люся от меня ушла, но как-то не вся, не целиком. Вечерами бегает по квартире голозадая, как цыганский ребёнок. Люсин стоп-сигнал сзади похож на знак «бесконечность», кто видел, тот не забудет никогда. При том, говорит, давай останемся друзьями. Конечно, нет ничего естественней для взрослого мужчины, чем платонически дружить с розовой после бани женщиной в ночнушке.

Люся надевает ко сну такую, как бы маечку, я не стану подробней описывать этот артефакт. Эта насмешка над моей страстью ничего не скрывает, всё лишь подчёркивает. Сразу видно: в Люсе центральное место занимает не гипотетическая душа, а корни ног, так назовём это интересное инженерное решение.

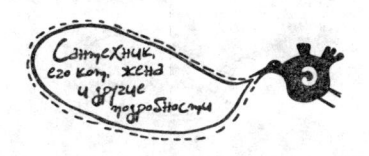

Попа в женщине не главное. Она лишь финал всяких отношений. К тому же, немцкий юмор разрушил весь связанный с попами романтический флёр. Если дотянулся до ягодиц и не схлопотал по слюнявкам, значит, скоро придёт пора вкусно курить и спать.

Грудь тоже не главное и не лучшее. Женская грудь ждёт от зрителя точной и убедительной реакции. Лучший ответ голой сисе — упасть в обморок от восторга. Женщина сразу начинает верить в вас, как в порядочного человека.

Лучшее в них всё-таки колено. В колене всегда достаточно женщины, чтобы навек полюбить. От самой мысли про поцелуй в этот сустав изнутри мужчина делается мягким.

Вот возьмите некрупную, белую коленку, поднесите к мужскому лицу и говорите ни о чём. Через полчаса подопытному станет всё равно, сколько у вас носов, что вы кладёте в винегрет, и насколько ваша мама злее всех на свете гарпий. Простой здоровый музыкант предложит вам жениться тут же, на диване, причём многократно.

слава_СЭ

По колену сразу видно, кто эта женщина, добрый ангел с доверчивой попой или чёрствый дэмон.

По щиколотке тоже многое видно, но надо дольше смотреть. Ещё есть запястье, локоть, шея. Вообще, женщина в местах сгиба красивей, чем на ровных участках, я заметил.

А сначала я планировал рассказать про фигурное катание, это сегодня единственный доступный мне вид секса. Вот, собственно, всё и рассказал.

За дорогой открыли кулинарию. Курица в кляре, рыба в кляре, — всё в кляре. Продавщица тоже в кляре: мягкая, жёлтая.

Бегаю туда пригнувшись, как зек за баландой. Или, как к паровозу — за кипятком.

Нет бы гордо начистить картошки, порезать селёдки, лука... Чтоб мои домовые гордились и хвастались другим домовым про запахи моих кастрюль.

Бордель бы лучше открыли. Я б боролся с нахлынувшей страстью к павшей женщине Зинаиде, не толстел бы и сберёг бы желудок. И было бы о чём писать.

А бороться с полусырыми котлетами на машинном масле — ни славы, ни творческих прозрений. И мему-

глава СЭ

аристы уложатся в две строки с этим периодом моей жизни:

— Было ему лень готовить. Он челночил до кулинарии, покупал там развесной гастрит по два рубля за колику. Желудочные рези и станут основным посылом к творчеству прозаика в следующие семь лет...

Моя бывшая, когда не злилась, бегала по квартире без трусов. Ей очень шло такое весёлое настроение. Я с нежностью вспоминаю её тощий зад, он служил мне символом домашнего уюта.

В детстве толстый Толик говорил, Слава, не верь голым женщинам. Они непостоянны. Я ж его не слушал. Теперь развожу хомячка и сам себе варю обед.

Равномерно заляпанная кухня ничуть не уступит тощей заднице, если смотреть на неё как на символ уюта. Меня даже радует абстракционизм на стенах, сразу понятно, какой я милый и полезный в быту.

В кулинарии у меня есть принципы. Например, ненавижу мелкую морковь. Она что-то во мне задевает, такое. Сразу хочется спорить, что не она в мужчине главное. Во-

Глава СЭ

обще всё продолговатое, я считаю, должно быть большим. Мне нравится морковь, которую можно носить на плече, как дубину, как зенитную ракету. Тру её на тёрке, потом выбрасываю. В холодильник она уже не лезет.

Помидоры я выжимаю. Когда в доме есть сильные мужские руки, нелепо пачкать мясорубку. Единственный минус, они плюют в потолок. Чтобы помыть, приходится много прыгать.

А в прошлом году нашёл в электричке книжку, детектив. Там, на 145-й странице героиня варит «борщ кубанский», очень доступно. Это был технологический прорыв. Начиналось всё словами «Полина нажала на курок и грохот выстрела сотряс».

В середине страницы, обжаривая лук, Полина вдруг понимает, кто изнасиловал Бориса. После этого остаётся утопить капусту, выключить и неделю можно не готовить. В конце автор сообщил, «борщ вышел отменный, Пётр съел всю кастрюлю».

Я сделал всё по тексту. Попробовал и подумал примерно следующее:

Сантехник, его кот, жена и другие подробности

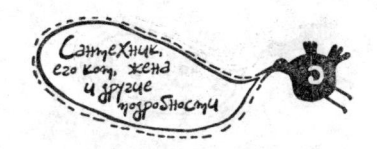

«О боже. В детективах ни слова правды. Это рецепт ужасной отравы в говяжьем бульоне. Или же Пётр до 145 страницы питался берёзовой корой и ворованным сеном. Как лось зимой».

Не передать, до чего разочаровала меня женская проза.

Причём был Новый год, я ждал гостей. Не просто разнополых, а даже с голыми плечами. Мне казалось, фраза «а кому борща, новогоднего» добавит мне очков. Женщины посмотрят на меня с интересом. Но не вышло. И я спрятал этот жидкий стыд, этот символ лицемерия и ложных ценностей современной литературы. Запер в холодильнике.

Гости спорили, чей подарок бесполезней. Уронили в танце ёлку, смотрели телевизор, там Орбакайте надела неудачные ноги. Как обычно. Под утро слышу, на кухне чего-то жрут. А это три отдельных гостя лопают мой борщ.

И говорят:
— Всё-таки отличные супы твоя мать готовит.
Я говорю,
— Так это ж я, я всё делал!

глава_СЭ

Они смеются. Вспомнили мифические бутерброды, вроде тоже мои, их отказался есть ротвейлер, который до этого кресло съел. На шум пришли остальные, и в каждом сидел отдельный зимний лось Пётр. Все дружно ели и согласились, что я врун. Одна лишь Таня (отличные, просто отличные коленки) сказала:

— Может и не врёт, подозрительно много морковки.

Удивительной красоты и мудрости девушка.

Мы потом стихи читали с табуретки. Это новогодний рефлекс, из детства.

Я прорыдал «В рождество все немного волхвы...»

А Таня сказала, я прочту вам кулинарный стих, новогодний.

И прочитала. С табуретки.

Стих.

Возьмите половину рябчика, две картофелины. Огурец, три листа салата. Полторы столовых ложки майонеза провансаль. Раковых шеек — 3 штуки. Ланспика четверть стакана. Чайную ложку каперсов, три оливки.

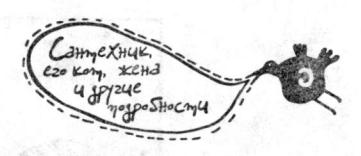

Нарежьте филе изжаренного хорошего рябчика, смешайте с бланкетами отварного, не рассыпчатого картофеля и ломтиками свежих огурцов, прибавте каперсов и оливок, залейте большим количеством соуса провансаль, прибавьте сою-кабуль. Остудив, переложите в хрустальную вазу, украсьте раковыми шейками, листиками салата-латука и рубленным ланспиком. Подавать очень холодным. Свежие огурцы можно заменить крупными корнишонами. Вместо рябчиков, можно брать телятину, куропатку и курицу, но настоящая закуска оливье готовится непременно из рябчиков.

У меня в машине январь, мороз и полнолуние. Электричество замёрзло. Или вытекло всё, не знаю. Подвозил до дома одну талантливую женщину с красивой попой и трудной судьбой, эта трудная судьба, наверное, заразна, передалась генератору.

— Я вам тут не Днепрогэс, — сказал генератор и повесил трубку.

Его товарищ аккумулятор вначале был прям огурец, клялся дотянуть до леса и дальше, потом тоже соскучился. Сперва потемнели приборы, печка дышала, дышала, потом всё. Последними погасли глаза. Докатился в темноте, используя накопленную инерцию и угрозы небесям в матерной форме. Воткнул лошадь в сугроб мордой, сегодня ходил смотреть, они срослись там в одну Джомолунгму.

Сантехник, его кот, жена и другие подробности

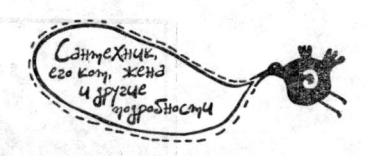

Осваиваю общ. транспорт. Очень интересно. Оказывается, в Риге живёт полно людей с красивыми женскими попами. Они медленно ездят в трамвае, долго болтают по телефону и не думают, что за полтора часа можно успеть чего-то построить, посадить и вырастить. Буддистки.

А у меня две недели репетиций в театре, я сантехнику на гвоздь повесил, буду ездить к обеду — бренчать, болтать, курить. В театральном буфете ещё такие пироги с капустой, очень психотерапевтические. Чистый парадиз намечается, ей-богу.

Потом, конечно, пойду, раскопаю ледяной гроб, поцелую спящую засранку в лоб, в бампер и куда там ещё она попросит. Потому что карма.

А вообще, надо что-то менять.

В юности я работал музыкантом, был замечательно холост и носил муляж обручального кольца. Так поступают многие музыканты для сексуальной безопасности. А басист не носил. За такую беспечность его каждый вечер насиловали в туалете. Сначала ему нравилось, а потом он заболел какой-то гнусью и разочаровался в любви.

С тех пор я повзрослел, сплю на раскладушке, отвратительно холост и не умею готовить. И жалею, что тогда носил кольцо. А родные дети зовут меня «мой пузатый карапуз».

То есть как не умею готовить. В моих кастрюлях встречаются пищевые эманации трёх видов: условно съедобные, несъедобные и борщ.

Сантехник, его кот, жена и другие подробности

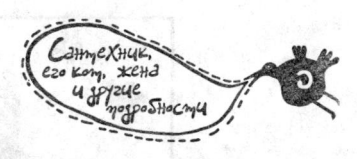

Зато у меня не толстые дочки.

Иногда, для утешения, беру в гастрономе шницели. Они отличные. Их можно прикладывать к синякам или запирать в холодильнике. Со шницелями дом выглядит полной чашей. Они постепенно синеют, от понедельника к субботе. Юннатам нравится такой феномен.

Пару раз я их ел. Похожи на борщ, только в сухарях.

Из раскладушки кто-то выкручивает пружинки, отчего раскладушка стремится стать гамаком. От души провиснуть в ней мешает близкий пол. Но если спать животом вниз, даже удобно.

И всё равно, всё равно.
Ангел мой утешитель, мне грустно, меня не греют твои шницели.

У меня есть знакомая девочка, Таня.

Красивая. В её честь мальчики когда-то устраивали гонки. Победитель получал приз — женские истерики по утрам, на завтрак. Проигравший клялся не мешать, раз не умеет ездить.

Победил Илья, он доехал. А Ваня разбил папин форд и тем излечился от любви.

Таня любила котиков. А мальчиков не особо, из-за их избыточности. По крайней мере, она ни разу не привела в дом мальчика с поломанной ножкой, больными глазками и прочими милыми нарушениями здоровья.

Ну и вот. Таня встретила на улице подходящего для любви котика, с очаровательным изъяном. Кто-то отку-

Сантехник, его кот, жена и другие подробности

сил ему бочок. Из дырочки всё время вываливались какие-то детали.

Таня привезла находку мне. Она сказала, раз у меня уже есть один, значит там и второй.

Мой кот сразу понял — предали. Он залез на шкаф и стал оттуда плакать. Слёзы капали на ковёр и прожигали дыры. Честно.

Приехал ветеринар, надел перчатки, сложил что вывалилось назад в пузик. Прямо медицинским своим мизинцем. Зашил, забрал весь мой бумажник и уехал. Таня стала падать в обморок. Ей показалось, настал удачный момент. Красивой девушке вообще идёт полежать без чувств, товарно выгнув ноги. Я ставил ей компрессы на лоб.

То была ужасная ночь. Во всех углах страдали милые мне существа. На шкафу мой старый кот, под столом новый, на диване красивая Таня.

Нового кота назвали Варя. Он оказался женщиной. Какал исключительно в домашние цветы. Я даже удивился, насколько женщины обожают любые цветы, по кактусы включительно.

глава_СЭ

Варя выросла и однажды ушла по карнизу навстречу женскому счастью. Позже я видел её в компании с котом-бандитом Николаем. Судя по лицам, они шли в магазин.

Морали в этой истории нет. И развязки тоже.
Я рассказал её, потому что в доме пусто.

Ездил в Москву грустить. Думал, буду бродить, жалеть себя. Может, напьюсь.

В первый день встретил Марину, мы с ней переписываемся. Она похожа на счастливую птицу и всё время целуется. Главный её изъян — муж по фамилии Попов. Мы с Мариной целых двести метров шли, обнявшись. Марина придумала мной дразнить своего Попова. Это были лучшие двести метров за последний год. Я даже надеялся, что Попов меня зарежет, и я умру из-за любви. Но муж по фамилии Попов сказал, что слишком они меня уважают, всей семьёй.

Как-то я неправильно живу.

В день второй пришёл Женя. Журналист. Купили пива и отправились искать, где там фестиваль в Коломенском. Помню, было жарко, лезли в гору сквозь сирень, потом ехали на жопе вниз, потому что гора попалась вертикальная, а пилить лестницу было нечем. Говорили при том про сиськи. Потом пили, пели в забегаловке громче кофейного аппарата, погрустить опять не вышло.

В третий день пришла Катя.

Красивая. Курит, матерится, ходит в кедах. При том ангел. Рядом с ней, хоть безгрешен как монах, даже лук не ем, всё равно я чудовище. Так и гуляли по Китай-городу. Красавица и Я. Всё получилось невыносимо грустно, даже лучше, чем планировал сначала.

— У меня, между прочим, язык рождён для орального секса. Я могу языком мух ловить. В полёте. Мне хамелеоны завидуют.

Так я сказал ей одними глазами.

— А я тебя всю жизнь ждала, — ответила она, тоже одними глазами. И добавила, уже другими глазами:

— Пойдём в парилку?

— Не могу, — устоял я. Мне запрещено применять своё страшное искусство против беззащитных секретарш. Тем более в бане.

У шефа новая секретарша. Латышская женщина Иветта. От песен советского кинематографа всё в ней делается горячо и упруго. Я спел «вагончик тронется, вагончик тронется» голосом Барбары Брыльской. Иветта в ответ множественно меня поцеловала, неприцельно.

глава_53

Куда бог пошлёт поцеловала. Стало очевидно: нынче меня ждёт ужасный успех. Ели вы приняли «ужасный успех» за безграмотность и тавтологию, значит, вы не видели Иветту.

Она села рядышком, почти на меня, спросила:

— Ничего, что я такая некрасивая?

У мужчин принято горячо возражать. Я не был настолько трезв, чтобы врать, но и не настолько был пьян, чтобы обмануться.

И ответил невежливо:

— Ничего, я тоже не Пирс Броснан.

Она сказала, ей нравятся дерзкие. И потрогала меня грудью. И положила руку на плечо. И запела многозначительным басом «ты меня на рассвете разбудишь».

Первый тост говорил шеф. С новогодним пафосом, из положения «стоя».

— Мы, короли дерьма и пара...

Сантехники за столом одобрительно кивнули.

Иванов рассказал историю про Булочкина. Булочкину велели позвонить, успокоить клиента, сказать, что обещаный с утра мастер будет к обеду.

Сантехник, его кот, жена и другие подробности

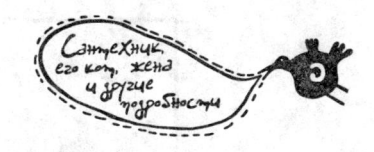

Телефонный Булочкин был учтив.
— Простите, — начал он издалека, — вы ещё не заебались ждать?

Потом мы пытались создать в бассейне резонансную волну, чтоб выплеснулось и затопило нижний этаж. Для смеху. Ещё сломали душ и оторвали дверь в парилку.

В общем, всё как у людей.

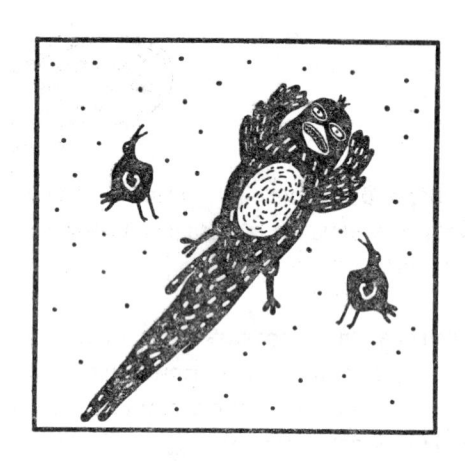

Барды нормальные люди, просто не давайте им петь. Знакомый автор песен Юрий однажды убил своим творчеством живое существо. Это было в гостях. Юрий запел про костёр, палатки и полные трусы дождя. И ровно через 4 секунды сдох хозяйский попугай Алёша. Упал с холодильника башкой вниз, будто свинцовый. Ушёл, не дослушав припева. Юрий потом шутил про силу искусства, но как-то растерянно.

Съездил я, братья, на этот их Грушинский фестиваль.

В самую, прости господи, клоаку. По цене пражского отеля арендовал тамбур в палатке. То была двухместная палатка, в ней жили кроме меня авторы Саша, Серёжа и пицот миллионов муравьёв. А может, сиксильон, я плохо считаю огромные цифры. Три квадратных метра в 27 слоёв, смотрите сами.

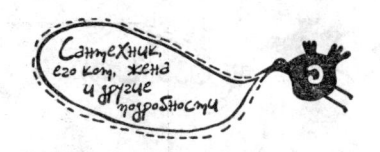

И вот. Весь этот дружный коллектив (кроме Саши и Серёжи) на ночь вползал ко мне в спальник и спал, свернувшись в сиксильон калачиков.

Они меня не ели, не унесли и не выбросили в Волгу, хоть могли б. Они гибли дивизиями, если я крутился во сне. Лишь мужественно хрустели, на прощанье. Думаю, это бардовская песня воспитала в муравьях презрение к смерти. Или даже тягу к суициду.

Из удобств палатке полагался двухдырный туалет модели «будка над бездной», в пределах прямой слышимости. Товарищи! Эти барды, когда какают, всё равно поют!

Пока я выживал, Саша стал лауреатом. Вопреки моему божественному аккомпанименту. Понимаете, у Саши такой баритон, лауреатский. Женщины с него натурально плачут мокрыми слезами. Саше дали медаль. Меня тоже поймали и обмедалили, как соучастника. Спаси теперь, Господи, мою душу.

Ходил на Гитару, смотрел на Гору, для тех кто Понимает.

Глава 53

Помню только, было скользко и третья струна сползла на четверть тона.

Видел живого члена жюри Наташу. Кажется, даже трогал её руками. Красивая и неприятно замужняя. Целовался с известным бардом Леной. Но как-то впопыхах, не вдохновенно.

В общем, хорошо съездил.

У Сани в Москве дочка. У дочки огромная кухня, на кухне трёхспальный диван. На диване жил я, вокруг меня была еда, в той еде моя погибель.

О, это изощрённое гостеприимство, селить гостей в пищеблоке. Не сходя с дивана я ел, спал и читал дневники Булгакова. Очень удобно. После завтрака можно было терять сознание сразу до обеда. Потому русский завтрак, он для латыша гибель.

Вообще, русские едой проверяют, друг ты или нет. Отказаться нельзя, хозяйка обидится, отберёт диван.

Ужин наступал в полночь и начинался с борща. Потом пирожки, которые едой не считаются. Пирожки — это способ не скучать, пока греется второе. На второе овощи, мясо. Вино.

глава_СЭ

В два часа ночи уже казалось всё, победа. Но Олесечка, дочка, доставала из воздуха мясной рулет. И тортик. И ещё под столом прятался арбузик.

Я взглядом объяснял, моя миссия на земле совсем другая, внутри меня нет места рулетику. Во мне уже котлетки, супчик, пирожки и яблочки. Рулетик, — говорил я глазами — пусть возвращается откуда пришёл, в нуль-пространство. Иначе я взорвусь и запачкаю обои.

Олеся говорила, моё кокетство неуместно. Хотя бы кусочек, крошечку. И роняла в тарелку такое, похожее на тунгусский метеорит.

После ужина устраивали музыкальный вечер. Папа и дочь, как в детстве.

Олесин муж, продюсер фильмов, придумал всё запечатлеть. У него работа снимать про любовь и семейное счастье. Он отлично всё умеет. Он светил как осветитель, гремел как декоратор, плевал в камеру как оператор, ругался матом как режиссёр и бегал туда-сюда как девушка с хлопушкой. Я не подозревал, что в кино так интересно.

Посмотрели первый дубль. Оказалось, у Олеси слишком голые ноги. Роман, как муж и продюсер, потребовал надеть более траурный костюм. Или сложить всё каким-нибудь приличным узлом, хотя бы. Олеся — жена вредная и в то же время ногастая. Сказала, — что за глупые предрассудки. И с ней было трудно спорить.

А Рома очень темпераментный режиссёр. Он вспылил, сказал, что порнографию снимать не станет.

Эта мысль понравилась Олесе. Женщины с хорошей фигурой, я заметил, очень лояльны к порнографии.

Поскольку других прекрасных актрис под рукой не было, Роман рассердился на занавески. Их пришлось оторвать и выбросить. Потом три дубля по-дурацки мигала свеча. Потом другая свеча стояла на окне совсем как у одного режиссёра из Таиланда это же кошмар, вы понимаете.

Было много дублей. Выбрали самый прекрасный, пошли спать. Утром Рома стал смотреть и закричал — О боже!

глава 53

По возгласу было ясно, кто-то нервный ночью выпал с балкона, пролетал мимо окна и своим идиотским туловищем испортил нам фильм. Мы побежали к Роме, стали спрашивать — где, где, где всё пропало.

И Рома показал на экран — вот тут, Слава головой мотает!

И правда, на 46-й секунде за Сашиным ухом на стене качается тень, это я танцую головой.

Так я попал в мировой кинематограф.

Маша достигла новых вершин в изобретении хитровыгнутых вопросов.

Передаю прямую речь:

— Папа, а наш кот уже думал о неизбежности грядущей смерти? И если да, то уже успел смириться?

Уверен, что да. Прыгать со шкафа мне, спящему, на мою спящую спину, может только глубоко смирившийся кот.

Маша привела какие-то непостижимые для простых сантехников расчёты. По ним выходит, будь он человеком, ему было бы 10 лет. А Маше только 8. Поэтому сама она успела лишь осознать, но пока ещё не приняла. Планирует в ближайжий месяц.

Чтобы отвлечь растущий организм от декаданса, я сказал: если немецкий не будет выучен за час, возьму ремень, и смирение наступит уже сегодня. И простые детские заботы (как бегать вокруг стула с такой скоростью, чтоб стать неуязвимой, например) прогонят мысли о краткосрочности цветенья вишен.

Тогда Маша взяла лист, написала семнадцать русских слов и семнадцать немецких. И нарисовала рядом меня, хоть меня не задавали. Это прикладное детское шаманство, рисовать ужасное не страшным и, тем самым, избежать.

На картине я представлен добрым египтянином, с глазом вбок. Я небрит, улыбчив, у меня коротенькие лапки, вторичный признак дырявых зубов.

С точки зрения психологии это значит, меня здесь никто не боится.

Володька взял и умер. Гуляка, бабник, я люблю его. Второй день реву как восьмиклассница. Это самый идиотский подарок мне на день рождения — умереть. Я и не собирался праздновать, сорок не празднуют, и совсем не обязательно было вот так.

Дорогой русскоязычный читатель, ты не представляешь, как все тут любят Володьку, жена и другие женщины, которым его не досталось. Они все знали друг про друга и ночами плакали от счастья, что он такой, хоть и не с ними.

Он вдруг скинул аккордеон, выбежал на улицу, стал кричать, как приличные люди никогда не кричат, потом потемнел и сник. В скорой был уже без сознания и через два дня всё. Божье чувство юмора ужасно неиспо-

Глава 53

видимо. На мой взгляд, в мире полно более достойных персонажей.

ТАМ, в СИРЕНЕВЫХ СУМЕРКАХ, из тех, кого люблю-люблю, у меня бабушка, и теперь вот, Володька. Если я туда перееду, пусть меня встретит он, а не косматое чудовище Пётр.

Мы обнимемся, он скажет, пойдём, споём чего-нибудь, а потом познакомлю тебя с Наташей (иногда кажется, в любой точке вселенной Володьку ждёт своя отдельная Наташа), и ещё, тут в одном месте такие чебуреки, до слёз. Я обзову его свиньёй, что бросил меня одного, и всё опять наладится.

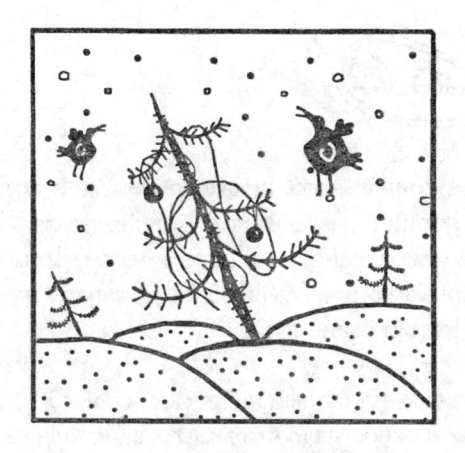

Кто выбросит ёлку в январе, тот параноик. И жалкий раб порядка. Решительный хозяин сушит ель до образования хрустящей корочки. Это единственный способ однажды в марте засыпать зелёными иголками коридор, лестницу и ещё в дверных проёмах насыпать холмики.

Хорошо выдержанная ель к мусорнику приезжает гладким рыжим скелетом. Подмести за ней подъезд не сложно, это каких-то сто тысяч взмахов веником. За время подметания можно подружиться с соседями, соскучиться по домашним. А некоторых даже забыть и потом по любви жениться на незнакомке, удачно проживающей в вашей же квартире.

слава_Сэ

Кроме социального, никакого смысла в подметании лестниц нет. Всё равно иголки будут выползать из ниоткуда, как умирающие, но в целом бессмертные тараканы. Это их романтическая миссия, до августа напоминать про последний ёлкин путь.

Есть, впрочем, старый индейский способ — бросаться ёлками в окно. Мало кто знает, как исполнять эту традицию.

Одни говорят, надо дождаться темноты, и со словами «господи, я не виноват» швырнуть ёлку два раза в батарею, потом уже попасть в окно. Если окно было со стеклом и закрыто, гадание на ёлке считается законченным. Если всё выбито ещё в том году, ответ на вопрос нужно искать в подсказках с улицы.

Другие наоборот, говорят, ёлками в окно бросаться надо по направлению в квартиру. Благо, немало этих красивых деревьев сейчас набросано по мусорникам.

Вот Оленька спрашивает: зачем ты, Слава Сэ, ахинею пишешь?

Сантехник, его кот, жена и другие подробности

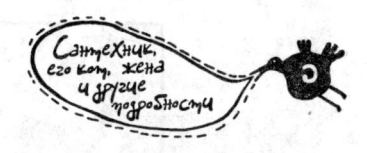

А у меня Лялька заболела, сижу дома, варю макароны, смотрю, как стиралка внутри себя узоры из простыни складывает. Час уже, а красиво ни разу не получилось. Рожать литературу при таком засильи быта стратегически неверно. Другое дело наплести, как ёлка высохла, отопление подорожало, маринады съедены и, в целом, зима состоялась.

Наш санаторий снаружи как дворец. А изнутри как брошенный амбар под Пензой. Темно в нём, сыро и одиноко. Лишь шакалит по коридорам индийский миллиардер. Не призрак, живой.

Вот однажды спускается миллиардер в заповедные санаторные подземелья, а там лично я сижу на ведре, курю. Испугал меня, конечно. В чёрном-чёрном подвале вдруг чёрный-пречёрный миллиардер, такое не сразу забудешь. Подходит, вежливый весь, спрашивает по-английски:

— М?

В переводе с английского «М» значит:

— Я купил санаторий за два сундука денег. Я мечтал сотворить здесь прохладный рай, чтоб из Индии на лето прилетать с индюшатами. Но в вашей стране никто не делает евроремонтов «под рай», три строительных конторы расфигячили годовой бюджет Камбоджи, а тут по-прежнему пусто и тёмно, как в амбаре под Пензой. Меж тем, ваше правительство сказало мне по телефону: «Оставишь на зиму памятник без отопления, заставим ещё и тюрьму купить, не сидеть же тебе в государственной». Через час приедет комиссия по насыщению латвийских каторг индийскими миллиардерами, что мы скажем ей, о величайший из сантехников, владеющих искусством курить, сидя на ведре?

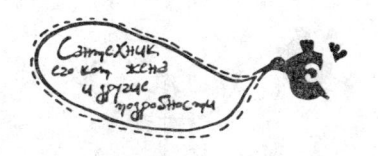

Так спросил миллиардер и посморел мокрыми индийскими глазами на меня и на окружающий мороз. И столько было внимания, столько ласки в его «М», что я ответил развёрнуто:

— Я тут развесил семь километров труб и полтыщи радиаторов. Я вдохнул два мешка цемента и теперь меня не берёт кокаин. А в вашем подвале болото по пояс и кто-то плавает в нём, скользкий, опасно толстый. И варить трубы там очень страшно. Особенно, когда кто-то в темноте осторожно кусает за попу.

Ещё вода в кране пахнет мезозоем и химики компании Липтон не в силах превратить её в чай. Только в чачу. Огромные местные крысы отнимают у нас, что захо-

глава_СЭ

тят. Даже обрезки труб, говорят, что на зубочистки. Нас они не жрут, потому что сантехники мельче коров и визжим, если укусить.

А ещё, на глазу ячмень и родная жена ушла к режиссёру. У жены шесть знакомых режиссёров и все — Аполлоны, ни одного с ячменём или хотя бы пузатого. Подозреваю даже, эти режиссёры не какают, такие у них талантливые лица. То есть шансов на любовь у меня — ноль. А я, как назло, в этом году не прочь.

И теперь невроз — моё второе имя. Поэтому, если всякие тут обезьяны будут мне М-ыкать, я возьму ацетиленовую горелку и выжгу на их левой ягодице фас безвременно сбежавшей жены, а на правой — профили всех шести её режиссёров. И будет эта задница чемпион по красоте среди всех миллиардерских задниц.

Так и сказал. Только по-английски:
— Афтер уан оур хера вил би варм энд бьючифул.
И повернул задвижку. Всё было готово, как раз. В общем, душевно так поболтали.

Не умеете ли вы варить супы так, как не умею их варить я?

Мне сказали, тут всё дело в интуиции.

Однажды под руководством интуиции, я наколдовал целое ведро вонючей жижи.

Пробовать никто не захотел. Даже мамин ротвейлер струсил. Он уполз от миски жопой в дверь. А ведь бывало, камни жрал.

Тогда я применил точный расчёт. Нашёл рецепт Божественного Борща, весы, хронометр, спланировал каждое движение, забрызгал кухню в цвета весеннего болота — але оп! — готово новое ведро, круче первого.

Если б смех ротвейлера считался признаком успеха — это был бы самый успешный суп нашей с вами современности.

Глава СЭ

Но вот настало Сегодня.

Сегодня всё было наверняка. Оружие победы — две банки готовой солянки, их только в бульон всыпать.

95 минут варил говядину, всыпал, размешал, понюхал и как-то сразу понял, чем можно было бы повернуть вспять коней апокалипсиса.

Мамин ротвейлер, кстати, умер год назад. Загодя. Как знал...

Я верю, в лабиринтах канализации живут мохнатые зелёные монстры, добрые внутри. Они-то меня любят, зовут кормильцем и благодетелем.

Маша учится в немецкой школе. Получила цвай за диктант. Ходит мрачная и торжественная.

Когда-нибудь об этом периоде её жизни я напишу книгу:

«Формирование нордического характера, или Восемь способов помыть посуду арийской девочкой».

В третий день исправления трудом говорит:

— На человеческой шее есть такая точка, если на неё надавить — сразу глаза вылезут. Нам учительница пения рассказала.

Зная теперь, что в их школе проходят по пению, боюсь представить их программу по физике.

Бард Александр песню сочинил, из чего сразу понятно: подлец. Позвонил в ночи, чтобы проверить на мне своё аллегро мистериозо.

О! Вы не представляете, как беспощадны бывают барды к людям уставшим, готовым уже лечь в постель. Барды выползают из чёрных телефонных шорохов, когда гадостей сегодня больше не ждёшь. Они могут за неделю натошнить триста новых песен и потом петь их всю ночь, прямо вам в мозг.

Песня попалась приличная, кстати. Куплеты не длинные, того и гляди всё кончится. И звук в телефоне хороший, будто кто-то жалобно помирает за озером, вдали.

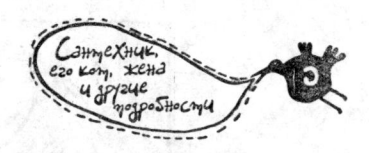

Но в районе восьмого куплета Александр роняет телефон, от волнения. Я слышу шум, треск, и вдруг далёкий его голос:

— Слава, ты где! Ты где, Слава! Аня! Аня! Я телефон уронил, со Славой. Не могу найти!

И прямо слышно, прибегает Аня, дочка, 20-ти лет. Сероглазая, в халате. И оба они куда-то лезут, под столы и тумбочки, пыхтят и зовут меня по имени. И так это трогательно, так приятно, что красивая Аня обо мне заботится. Меня теперь редко ищут вот так, под тумбочками, не целованные в колено шатенки. Представилось даже, это я сам закатился, пластмассовый, беспомощный, ни ручек, ни ножек нет, безутешно моргаю кнопками, зову их слабым голосом:

— Саша! Аня! Я здесь! За кошачьей миской!

Отзывчивая Аня нашла меня и вытерла о халат, судя по звуку, где-то в области подмышки. С тех пор всё думаю о телефонах, йоркширских терьерах и всех, кто живёт, судьбой прижатый к молодой и тёплой сисе. И всё из рук валится.

В костюме вспотевшего отца ходил на утренник.

Было просто и мило, снежинки и зайцы. В секс-шопе купили партию заячьих ушей розовой масти. Два мальчика пришли в костюмах пауков, им тоже выдали уши, родители улыбались в их сторону несколько иронически.

Воспитательница представилась феей зимы. Она уже много лет пример детям, что делает с людьми хороший аппетит, она была фея — дирижабль, родители в страхе поджимали ноги. В середине праздника от хвоста феи отпало перо, снежинки бросились с криком «чур моё», стали драться, иногда ногами. На миг закружилась как бы красивая метель. Чёткими командами «встать в строй», «фу, дрянь какая» и «выплюнь каку» родители разогнали непогоду. Это оказался хороший и дешёвый способ, не то что облака серебрить серебра аммонием.

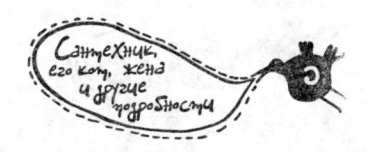

Зайцев перо не взволновало. Другое дело, если бы из феи выпал танк или гвоздь. Была бы битва зайцев, тоже отличное зрелище. А так лишь одному за весь праздник наваляли, и то по любви. Он был в костюме каратиста, снежинка Алиса его за это полюбила. На ней самой было фантастическое платье, расшитое боем ёлочных игрушек. Чтобы как-то привлечь внимание, снежинка выписала зайцу три пенделя подряд. Но острые края её украшений выглядели вредными для здоровья, заяц не решился ответить взаимностью. Лишь подставлял вторую ягодицу, получив по первой. Он был каратист и христианин одновременно.

Лялю этот праздник добра и взаимопонимания вогнал в зевоту. Она ушла в родительскую ложу, забралась на колени и смотрела на суету вполглаза, ногу на ногу, ждала конфет.

Конфеты — отличный подарок, лучше чем переводные картинки. Ляле кто-то нехороший подарил такие и я проснулся однажды утром весь в слюнях, пингвинах, львах и жирафах. В праздничном убранстве, так сказать.

Конфеты лучше. Как доедим последний леденец, сразу зима кончится.

Ляля по утрам очень капризная. Не хочет надевать, что даёт отец. Хоть у отца отличный вкус. Отец всегда выбирает красивое, а главное, тёплое. А Ляля хочет безумств. Каждое утро она не ребёнок, а какой-то Пако Рабан. Подавай, например, ей трусы с единорогом впереди. Я говорю, божемой, Ляля, кто увидит там твоего единорога?

Но у женщин самоощущение. Поверх хороших трусов женщина наденет что угодно, хоть рыбачью сеть, хоть осенние листья. А на плохие трусы, некружевные, драные, без единорогов, даже бриллиантовое платье не хочется. В стыдных трусах ты уже не принцесса всяко. Например, на мне сейчас такие трусы, что сразу ясно: перед вами не принцесса.

Каждое утро мы недопонимаем друг друга, как Давид и Голиаф. Вы не представляете, насколько беззащитны

глава_53

мы, Голиафы, перед маленькими хитрозадыми Давидами! Хуже всего, Ляля твёрдо знает, что надевать, но у меня нет комплекта трусов с большой энциклопедией сказочных существ на каждый день.

Обычно это так: я приношу из шкафа красивое, а главное тёплое, а Ляля негодует отставленной губой и пр. Я, говорит, хочу — и называет что-нибудь вычурное, невероятное. Например, семь лошадок на майке. Тода я убегаю в шкаф, там плачу и мечтаю, чтоб скорей она скупее стала в желаньях.

Но недавно я сказал:
— Ляля. Если наденешь что дам, ведь оно тёплое, хоть и красивое, а это главное, я дам тебе фонарь, ты сможешь идти и освещать нам путь, как не знаю, паровоз настоящий.

Ляля подумала и согласилась. И молча надела трусы с банальными хризантемами спереди, кружевами вокруг ног, спереди бантик с сапфиром, фон из голубых сердец, проступающих как бы из тумана.

Конечно глупо, когда взрослый сантехник петляет мимо дороги за фонарём и девочкой, так мало похожей на

Сантехник, его кот, жена и другие подробности

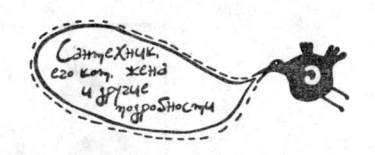

паровоз. Ляля не умеет ровно держать фонарь, а идти надо было где освещено, таковы правила, поэтому мы качаемся от кустов к забору. Зато всё быстро одето, обуто и выйдето из дому.

Четверг у меня выдался вредный для здоровья. Потом расскажу. Главное, глаз распух, правый. Стал как растение помидор. Не, как око Саурона. А на лбу шишка.

И сразу ничего не глупо, по утрам-то. Просто ребёнок-поводырь ведёт убогого отца в ночь и неизвестность.

Если честно, это было не самое заветное моё желание, выглядеть естественно с фонарём и подбитым глазом в семь утра между кустом и забором. Например, мне хочется ещё больше денег и любви с женской тётькой, некрупной, можно в чулках. От себя могу предложить прекрасный куриный суп.

И, раз уж мы заговорили о Новом годе, пусть блохи перестанут кусать нашего инженера Андрюшу, а всем людям и их детям щастя, конечно.

Когда чёрный-пречёрный сантехник бежит по чёрному-пречёрному подвалу, он обязательно во что-нибудь врежется. В этом весь смысл.

Например, вчера я с разбегу сломал железную трубу, головой. И сразу в потолок ударил прекрасный, хоть и неуместный в подвале фонтан. Это было как признание торжества моего интеллекта над их водопроводом.

Вечером читал премию Дарвина. Там тоже про героизм и сражение со стихией. Например, один цирковой лиллипут прыгал на батуте, а невдалеке зевал бегемот. И акробат упал прямо в зевок бегемота. И пропал там навсегда. Так, по жестокой иронии, один артист съел другого артиста. Эти бегемоты, оказывается, не умеют выплёвывать цирковой реквизит. Ни мячики, ни обручи, ни акробатов, ничего не отдают. Поэтому, если вдруг фатально не заладилось с батутом, просто ползите вперёд. Вы непременно увидите свет в конце бегемота.

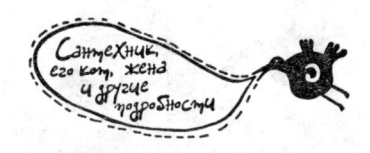

(загрустил чота)

Или вот ещё, понравилось. Один бразильский священник решил перелететь свою Бразилию на шариках, привязанных к стулу. Взлетел, но ветер унёс стул в океан, вместе с содержимым. Премия Дарвина решила, что аэронавт помре, а я не согласен. Может, он до сих пор летит в сторону Австралии, ловит руками вкусных чаек и запивает дождём. Прикуривает от молний.

Или одна бабушка рассказала, про любовь. Юноша Никита влюбился в водителя трамвая Катю. И стал вагоновожатым, чтобы иметь с Катей больше общих интересов. И однажды его направили на Катин маршрут № 10. Весь день они ездили неподалёку, но объясниться не получалось. И вот приезжает Никита вечером на кольцо, там Катин трамвай стоит, манит обводами. Никита заходит в дежурку, и

— О МАДОННА, как выражаются трамвайщики Неаполя —

Катя отдыхает на коленях слесаря Георгия и видно по лицу, думает о продолжении рода.

глава 63

Никита вскочил в первый попавшийся Катин трамвай и погнал куда фары светили, весь в слезах, что характерно. Ему хотелось умчаться в степь и там замёрзнуть. Никита разогнался, сошёл с рельсов и чуть не убился о памятник латышским стрелкам, что по драматизму даже лучше, чем гибнуть в степи от мороза.

Никиту не уволили. В тот год у нас не хватало водителей трамваев. Сход с рельсов оправдали непогодой. Осень, сказало себе руководство, трамваи в листопад ужасно неуклюжие.

Его немножко только обматерили и послали в санаторий отращивать новые нервы. В санатории Никита встретил Иру, Юлю и Снежану, которых нам хватило бы на женский роман-трилогию, но лень писать.

Алексей Леонидович написал удачную песню. В ней сплошь серьёзные чувства, трепет первого касанья, голые ноги и всё что бывает хорошего в этих ваших внебрачных связях. Зазвучав внезапно, такая песня очень действует на женщин.

Один человек чуть даже не развёлся с помощью этой прекрасной песни. Он повстречал мадам, на улице, под дождём, без машины. И стал подвозить бедняжку. Ведь бескорыстная доброта спасает мир. Поэтому разумный человек не должен упускать возможность спасти мир в лице молодой, промокшей женщины.

Едут они, едут. Как вдруг магнитофон запел эту волшебную песню. Незнакомая женщина дослушала до слов, в которых любовь побеждает предрассудки, и ка-а-ак прыгнет на водителя!

глава_СЭ

Очень удачно в женщине случилось полно положительных черт. Незнакомка как бы соткана оказалась из ресниц, голых коленок и выпуклых грудей. Если не понимаете, в чём тут счастье, повстречайте на жизненном пути кого-нибудь с вогнутой грудью. И попросите на вас прыгнуть. Вы поймёте, насколько это не то. О вогнутую, краеугольную тётьку можно поранить психику на всю жизнь. Особенно в прыжке.

Домой этот удачливый водитель вернулся через два года. Срок действия песни истёк, наверное. Писать на подольше Алексей Леонидович пока не научился, он лишь начинающий шаман. Сейчас он работает над песней, принуждающей соседей мыть вашу посуду. Обещал, что хватит на пять лет. Это будет передовая песня, с использованием нано-аккордов и нелинейных рифм. Уже готовы песни-подметалки пола и песни-просилки зарплаты у начальства. Если кому нужны эти и другие полезные в быту произведения, приходите завтра на его концерт. На Лиговский 80, во дворе синяя дверь. В семь часов.

Сам я обязательно пойду.

Одна семья купила стиральный механизм. И не выкрутила из него четыре задних болта. Хотя инструкция настоятельно советовала выкрутить. Крупным, понятным рисунком советовала.

Эта смелая семья не боялась, что машина с неотрезанными болтами станет метить углы и орать ночью неприятным голосом.

— Я не дам мучить животное ключом на семнадцать! — сказала мама этой семьи. — Если бог дал ей болты, как мы можем их отнять!

Папа согласился. Чтобы в жилище не переводились секс и еда, он во всём соглашался с мамой.

Они жили в старом доме, где лестницы болели ревматизмом, а межэтажные перекрытия изгрыз кариес. (это важно).

глава 53

Стиралку поселили в углу, рядом с голландской печью. Кто не знает, это в квартире такая большая, тёплая башня. Жрёт дрова, когда дают. Голландская печь называется.

Так, под видом маленького механического дружочка в дом проникла опасный урод. И в самый первый отжим, в главный момент жизни любой прачки, с нею сделалась эпилепсия. Злая техника стала прыгать, биться. Пока не провалилась вниз, к соседям.

Звонит мне мама этой семьи. Говорит, приходите, посмотрите, что сделала эта психическая.

Аккуратной квадратной дырки там не получилось. Вслед за стиралкой вниз прыгнула голландская печь. Как всякой женщине, печи всю жизнь хотелось путешествий. Узнав, что под землёй тоже есть жизнь, она не удержалась, ушла смотреть. Получилась брешь вполне трагических размеров.

Жители низлежащего ада обрадовались, конечно. К ним с неба упала новая стиральная машина и голландская печь в прекрасном состоянии, россыпью по два и по пять кирпичей. Плюс много прохладной воды и свежестиранные наволочки. Если пригнать пять золушек, отделить ими бельё от камней, то выгода налицо.

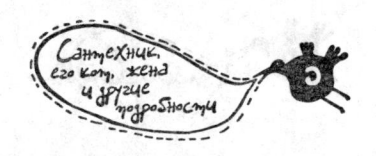

Или вот другая **история**. Дом в этой новой истории попался железобетонный, с большим содержанием блендамеда в полах, поэтому ничего не провалилось. Но всё равно было что-то не так, как выразился их папа.

Этот папа технически грамотный попался. Он напилил досок по размеру и распёр стиральную машину в потолок и стены санузла. Чтоб не прыгала. А в панельных домах санузел — это отдельная гипсолитовая кабина.

И вот. Взбешённая досками и неволей, полная болтов стиралка оторвала санузел от труб и прискакала на нём в гостинную. И перегородила туалетом коридор. Именно невозможность пройти в кухню иначе, как сквозь стены туалета их папа назвал «ЧТО-ТО НЕ ТАК».

Интересней неукрощённой стиралки только эксплозивные психопаты. С ними тоже всегда увлекательно.

глава_СЭ

Они дерутся топором, могут перекусить бульдога пополам и вообще живут полной грудью. Сейчас такого найти трудно. Психопат сегодня измельчал, больше плачет, жалуется. В лучшем случае яйцом бросит с восьмого этажа. Если б не стиралки с болтами, мир совсем бы позабыл, что такое настоящая жизнь.

Бард Юра звал репетировать в гости к одному холодильнику, по имени «Серёжин». В том холодильнике неразменные миноги, иногда селёдки с луком и ещё такая водка, не помню название, что-то на «Ш», но не «Черноголовка».

А жена Серёжи переехала в деревню навсегда. Невероятно творческая обстановка. Мы с Юрой ни за что не бросим Серёжу одного в этом раю, потому что воспитанные друзья так не поступают.

Но тут же позвонил бард Николай, предложил репетировать в хореографическом училище.

Настали трудные времена. Надо было решать, как жить дальше весь вечер четверга. На весах судьбы качались: в левой чаше холодильник, рассадник счастья и здоровья, в правой чаше целый ансамбль нетолстых женщин. Последние, стоило закрыть глаза, призывно грустили обо мне, размахивая малопользоваными белыми ногами.

Чтобы дать удаче шанс, я подбросил монетку. И конечно же, выпало хореографическое училище. Я загадал его с обеих сторон, на всякий случай.

Вот приходим мы с Николаем репетировать. В бодрой такой манере исполняем песню «Дэмон», философского содержания, про самоубийства. Так велел режиссёр. Тем временем выпускницы танцуют под нас ирландский танец. Прекрасная идея, я считаю.

Выходит солистка Настя. В одном, я бы сказал, трико. Поворачивается спиной и сразу видно, насколько она богиня. Где у людей обычная попа — торчком, карнизиком, бухгалтерская (подушечкой), попа в форме плато, ромбовидная, на бочок, с ладошку, многозначительная, испуганно вздрогнувшая или наглая как колено — попы всякие важны — там у Насти две идеальных полусферы.

Любите ли вы геометрию, как люблю её я? Умеете ли вы среди ночи нарисовать циркулем Настин профиль?

У меня все истории — про жизнь без секса, а всех мужчин зовут Сергей. И ещё: я кактусы выращиваю. Это значит — я унылый и однообразный идиот. За такое редкое качество меня любят в основном добрые коты, дети, их бабушки и бард Саша Б., который мне самому начинает уже нравиться. От безысходности.

Вот мой шурин тоже сантехник, но весёлый и разный. Он куда ни придёт, везде у него наступают красивые отношения. Иногда до трёх раз в неделю. А мне предлагают лишь чай или суп. После такого чёрствого ко мне отношения ремонтировать унитаз невозможно. Но я ремонтирую всё равно, сквозь усталость и нервы, потому что во мне огромная сила воли и нежность к деньгам. А коты, дети, их бабушки приходят и рассказывают мне в спину Истории. Например, такие.

Глава 53

Один мужчина хотел Любви. Его имя пусть для нас останется как бы загадкой. В личной жизни этого Сергея тоже доминировали коты, дети и бабушки. Какое-то время он был глубоко и упоительно несчастлив, как я теперь. Но потом решил не пропасть от полового одиночества и купить дом.

Ведь всем известно, если отдельный холостяк живёт в доме, у него сама собой заводится женщина. Из ниоткуда. Из красоты и внутреннего романтизма обстоятельств. Как мышь из нестиранного белья.

Не сразу, конечно. Иногда целую неделю ждёшь. Зато потом обернёшься вдруг — а она уже в халате, нога на ногу, сидит, тапком покачивает.

О! Вы не представляете, сколько разных смыслов вмещает в себя тапок на пальце ноги!

Ради всех этих смыслов Сергей построил шкаф с 24-мя аквариумами. И устроил сеанс одновременного разведения рыбок. На продажу, извините, зоофилам. Ну, чтоб деньги, дом, любовь.

Сначала рыбки дохли от нервов, потом оказались непродаваемой породы. А жрали больше, чем сами стоят. Потом меж них была гражданская война и хвостовредительство. В кульминации драмы у шкафа ломается ножка, увлечение Сергея бьётся вдребезги и смывает косный налёт роскоши с низлежащих соседей.

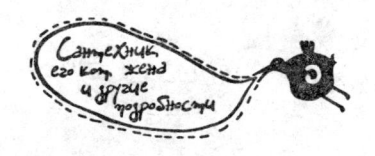

В подъезде густо пахнет мордобоем и скользкими болотными гадами, какие жили ещё в девонском периоде. Все вокруг детские площадки украшены плесневелыми коврами на просушку. Мечта разжиться одомашненной женщиной в тапке отложилась на миллион лет и окаменела, как яйцо динозавра. Чтобы расплатиться за непрочность ножки, Сергей заводит другой шкаф, теперь с коноплёй. Знающие люди рассказывали, что это растение не склонно устраивать потопы. 25 кустов. Счастливое число.

Растить ганджубас — искусство тонкое. Шкаф нужно оклеить изнутри фольгой и провести вентиляцию с мотором. Удобрять следует какашками пониженной кислотности. Вместо обычного степного солнца используйте металлогалогенные трубчатые лампы ДРИ-Т56/Л, производства ООО «Рефлакс», телефон службы сбыта 495-232-42-93.

глава_СЭ

Всё шло хорошо. Конопле нравилось в удобном, светлом шкафу. Но однажды в гости зашёл участковый капитан, поговорить и слегка пописать в туалете. Проследовал куда надо и не вернулся. Мужчина Сергей, чьё имя для нас загадка, почуял недоброе. Побежал догонять, а участковый уже да, стоит и грустит глазами на урожай. Он шёл мимо и профессионально удивился, зачем шкаф светится изнутри таким ярким космическим светом.

— Хорошие лампы, — сказал участковый. — Где достал?

Из вопроса следовало, этот капитан ещё и опытный аграрий, в душе. И, быть может, раньше он даже рыбок разводил. И наверняка достиг уже конечной мечты всех аграриев — женщины в тапке.

В участковом мозгу тем временем ссорились злой мент и добрый ботаник. Мент требовал всех пересажать. Ботаник искал добра и человечности. Капитан выслушал обоих и приговорил: простить, но урожай уничтожить. И ушёл.

Наш безымянный друг сам повыдергал свою мечту и стал жечь в кастрюле, на кухне, малыми порциями, включив кухонную вытяжку в режим вертикального взлёта.

Сантехник, его кот, жена и другие подробности

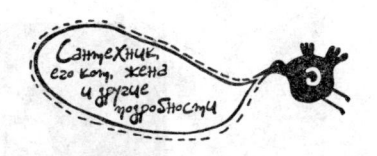

Вытяжка честно запихала дым в трубу. Оттуда что-то попало в небо, но лучшие клубы достались соседке сверху. Через полчаса она спускается, смеётся вся.

— Слушайте, говорит, что вы готовите такое вонючее? Я вас хотела убить сначала, но стало ужасно смешно, какой вы всё-таки дурак в кулинарии. И не разбираетесь в специях.

Потом они вместе хохотали над соседями, залитыми сразу из 2,4-х аквариумов. Потом слушали Генделя и плакали в терцию, такой этот Гендель проникновенный. В полночь, взявшись за руки, побежали на вокзал в тошниловку и потратили на еду недельный бюджет крупной африканской деревни. А утром проснулись вместе, одетые и обнявшиеся. Причём с его слов, он молчал весь вечер и только любовался ею. А она говорит, что впервые мужчина довёл её до полного женского счастья одними рассказами.

Вот так смирение и труд, пусть кривым путём, привели к хорошим результатам в виде регулярного секса. Надо бы и мне как-то не пропасть, с моими унылыми кактусами. Куплю им, что ли, свежих какашек и металлогалогенных ламп, побольше.

Возвращались с фестиваля, ночью. Тут шофёр наш говорит:

— Теряю вдохновение. Надо взбодриться.

И купил на заправке кофе в картонном стакане. Сел в машину и опять сказал: «Надо взбодриться».

И вылил покупку себе на штаны, в район трусов. И правда, долго потом был бодр.

Я знаю тысячу способов борьбы со сном. Я видел, как сержант Петренко ел в дороге чеснок. Шесть часов подряд. Потом сержанта тошнило, потом всё в сержанте горело. Бодрость пришла, но какая-то мучительная.

А другой сержант, Булкин, стоял у знамени на посту. Чеснока он с собой не имел и все надежды возложил на онанизм. Проявил, так скажем, солдатскую смекалку.

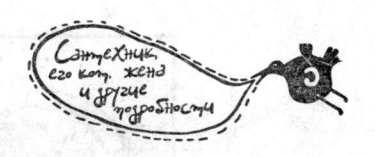

Но онанизм не оправдал. Ночью в штабе тихо, лишь дежурный по части, как бы дежурит, на самом деле тоже спит. Только этажом ниже.

И вот просыпается дежурный от шума, грохота, а это сержант Булкин по лестнице катится и гремит автоматом. И голая сержантская пися молча бьётся о ступени.

А можно просто массировать уши.
Минус этого приёма — к утру уши сильно распухают. Вернуться домой с большими красными ушами некоторые считают двусмысленным. Обожжённая кипятком промежность гораздо естественней смотрится. Жена с порога понимает, как было трудно, и только один оставался выход — кофе туда.

Какие весёлые танцы, сколько жизни в глазах, какое остроумие обнаруживает простой украинский мужик, стоит обработать горячим напитком его бикини, место нежное, отзывчивое к термическим воздействиям!
Пить кофе внутрь человека тоже помогает. Но не так.

Идеальная женщина умна, добра и с круглыми коленками. (Коленки — всемирный критерий женской красоты.)

На деле таких женщин не бывает. Больше двух добродетелей в одну женщину не лезет. Поэтому лояльные мужчины выбирают между «добрая» и «красивая». Или «с круглыми коленками» хотя бы.

Умных избегают. За умом погонишься, женишься на динозавре.

Так вот, про красоту, ум и доброе сердце.

Она была внучкой секретаря политбюро рабочей партии Мозамбика. А он — капитан дальнего плавания Сергей. Он приходил в Мозамбик раз в три месяца и крокодилы в Замбези шептали друг дугу:

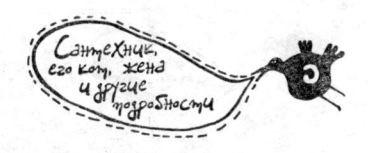

— Братья, тише жуйте ваших зебр, к нашей Мтенде приехал капитан Серёжа.

И все удивлялись, какое светлое и красивое чувство вырастает иногда из обычного секса между русским капитаном и африканской принцессой.

— Выходи за меня, — сказал однажды Сергей, внимательно соизмерив свои возможности с её потребностями. Результаты измерений советовали бежать, побросав гигиенические принадлежности. Но Серёжа твёрдо верил в моряцкое Счастье.

В ответ принцесса Мтенде села, голая, в кровати. И сверкнула чёрными мозамбикскими глазами. И сказала, торжественно блестя чёрными мозамбикскими коленками:

— Я подарю тебе пальму. Если будешь помнить меня, на ней вырастут плоды. И тогда я сама к тебе приеду.

— Какие ненужные, обременительные условия! — возразил Серёжа, только другими словами. Он имел ввиду, в основном, пальму.

— Поехали сейчас. Я тебе потом лиственницы пришлю полный Мозамбик.

Глава_53

— Нет, — ответила принцесса Мтенде. — Сложные мистико-культурные традиции моего племени, основанные на аутентичных архетипах женской вредности, не позволяют мне вот так бросить дедушку, секретаря политбюро. Кроме того, у меня тут дел по самое Килиманджаро, банан не полот, кокос не убран, в курятнике дыра, леопарды сквозь неё цыплят пожрали. Бери растение и уезжай, русский боцман Серёжа. Как урожай поспеет, пиши, я приеду.

Таможенникам Серёжа признался, что давно мечтал стать пальмоводом. Кактусы у него в детстве дохли. Мамины традесканции, едва он входил в двери, выскакивали в страхе из горшков и пытались бежать, опираясь на слабые корни. А пальм никогда не было. С пальмами, сказал Серёжа таможенникам, должно сложиться.

— Ну давай, — разрешили таможенники, предварительно порывшись у пальмы в паху на предмет контрабанды. И добавили обидное слово: — Ботаник!

На время рейсов Сергей изобрёл автоматический полив. Очень скоро этот полив автоматически полил соседей на много-много этажей вниз. Много-много спасателей целовали и кусали Серёжину дверь и догадались лишь, что она сделана из чего-то очень твёрдого. Потом Серёжа из Африки позвонил брату, у брата были ключи, он приехал и показал, как надо открывать двери.

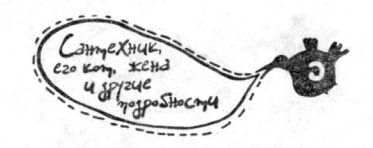

Через три месяца Серёжу встретила пальма с полностью порушенной психикой. Она пережила потоп, потом засуху, и если были в ней намерения нарожать маленьких пальмочек, то все прошли. Дерево каждым листиком ощущало, как жильцы дома косятся на неё сквозь дверь. В такой атмосфере нестись кокосовыми орехами никому не приятно.

В следующий отъезд Сергей нанял в пальмоводы родного брата. И уже через месяц брат прислал фотографию. На ней пальма цвела лохматыми белыми цветами, немножко похожими на украденные с кладбища георгины. Ещё через месяц на фото зеленели три ровных шарика под самой кроной.
— Мальчик, — нежно и неправильно подумал Серёжа на пальму.

глава_СЭ

Следующую фотку, с тремя уже огромными орехами, Сергей переслал в Мозамбик, принцессе. И вы не поверите, его Мтенде приехала.

Она внимательно осмотрела пальму, обняла Серёжу и сказала по-африкански что-то ласковое, похожее на «ты мой храбрый крокодил».

Под утро, когда в каждом слове много смысла, но его никак не ухватить, Сергей прошептал:

— Не могу поверить, что ты здесь.

И она прошептала в ответ:

— Понимаешь, я всем своим мужчинам дарю пальмы. Чтоб надежда жила и всё такое. Мужчины стараются, поливают, неделю или месяц. Потом к ним приходит другая женщина, без аграрных претензий, и всё. Мы делаем вид, что ничего не было.

Только ты, Серёжа, год старался, а потом ещё придумал к финиковой пальме прилепить кокосы столярным клеем. Это так смешно и трогательно, что я взяла и приехала.

— Вообще-то, сначала я думал наклеить бананов, — осторожно пошутил Серёжа.

Сантехник, его кот, жена и другие подробности

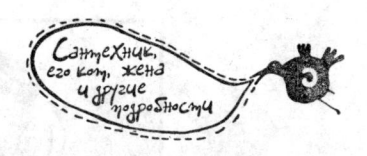

В общем, удачно всё сложилось. Он её любил за добродетели, она его за находчивость. Только брату эротики не перепало, зато досталась жилплощадь с пальмой.

Это ещё что. Одна знакомая девушка влюблялась в тех, кто её смешит. В ней было полно изюминок, виноградник была, а не девушка. Мальчики в её честь учили книжки анекдотов, а она вышла за военного с красивыми усами. В женской любовной мотивации всё ужасно запутано.

Однажды я полюбил гимнастку. Мы встретились случайно. Это было в армии, мне доверили охранять склад бензина. Был дождь. Гимнастка была напечатана в газете, ветер и непогода прилепили её к столбу вместе с изданием. Я отлепил пару страниц почитать, потому что мало найдётся дел скучнее, чем охрана Родины в виде бензина. И любовь нечаянно нагрянула, когда её совсем не ждал.

Типографы не сумели передать черт лица. Зато ноги пропечатались отлично. Судя по коленкам, изображённая была человеком отзывчивым, лиричным и с тонким чувством юмора. Возможно, на ощупь её лодыжки показались бы стальными, но мне захотелось умереть, обвиснув на них влюблённой Квазимодой.

Сантехник, его кот, жена и другие подробности

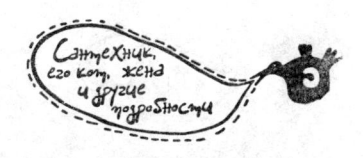

Я вырвал своё хабиби из прессы и целый год носил на груди. В редкие минуты солдатского досуга я доставал эти бёдра из кармана и взглядом желал им совместного со мной счастья.

Такое длинное вступление призвано отразить мою солидарность с английским лейтенантом Ричардом М., который тоже влюбился в ноги.

Он зашёл в клуб на минутку. На столе как раз танцевала незнакомая ангел по имени Даша. Она была русская, пьяная, в чулках, из очень хорошей семьи. Дашу в Англию прислала мама. Мама верила, чужбина убережёт дочь от раннего замужества. Про англичан мама знала главное, всё они козлы и не представляют опасности. Выйти за них замуж невозможно, это противно человеческой природе.

Как бывает с девушками, чьи предки сплошь интеллигенты, посещение клуба Даша завершила танцами на столе. Выступление было украшено голыми ногами, уходящими в волнующую бесконечность. На сладкое Даша исполнила кувырок в руки анонимного лейтенанта ВВС.

глава_СЭ

Всё получилось много красивей того эпизода из фильма про гусар, где корнет Голубкина сверзилась на Ржевского-Яковлева, приятно удивив знаменитого артиста крупным задом.

Ричард поймал Дашу легко, будто всю жизнь ловил пьяных русских баб.

И, конечно, сразу влюбился. Когда на лейтенанта, прошедшего земную жизнь до гнусной середины, валятся с небес распаренные женские тела, лейтенант не может не любить.

Через неделю Даша прислала маме письмо:
«Его зовут Ричард, он почти уже капитан, я сопротивлялась сколько могла».

Мама телепортировалась почти мгновенно. Чтоб медовый месяц не растёкся на тысячу лет, она приехала посмотреть, как они там устроились.

Лейтенанту впервые захотелось убить человека, когда тёща поливала газон. Стояли жара и сушь, английское радио просило всех беречь воду. Соседские газоны законопослушно пожухли, и только в Ричардовом оазисе колосились томаты. Лишь только лейтенант уходил служить, мама хватала шланг и вредила стране со скоростью одно ведро в секунду.

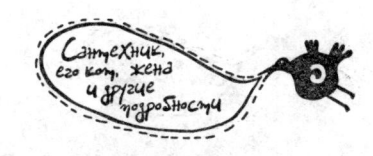

Ей было ясно сказано: воду — только пить. А она всё равно лила на грядки.

К концу июля пыльные смерчи убили всю зелень в южном Уэссексе. И только Ричардов двор позорно зеленел на всю улицу. Это был его личный, изумрудный позор.

Тогда капитан придумал дезинформацию. Как бы проговорился за ужином:

— С завтрашнего дня вертолётчикам приказано летать над нашей родной Англией и расстреливать всех, кто поливает газоны.

На следующий же день Тёща установила четыре автоматических поливалки.

— Дорогой, не сердись на маму, — тихо сказала Даша и закинула левую ногу на правую. И дорогой перестал сердиться. А наутро как раз пошёл дождь.

Но вы же знаете наших русских мам. Пока зять жив, они будут творить добро. И мама переклеила

Глава 53

обои. За день. Во всём доме. С расчётом, что зять умрёт от удивления. Но он оказался лётчик, здоровяк, отделался простым необширным инфарктом и истерикой. То есть, с маминой точки зрения, никак не отреагировал.

Это был Сюрприз. Лейтенант трижды заходил в дом и выходил назад. Изнутри ему казалось, он вломился не к себе. А снаружи это был опять его дом. Англичане ужасно консервативны, вы не находите?

Тут Даша повторила жест примирения, сняла левую ногу с правой и переложила всё наоборот. И сказала:

— Любимый, мама скоро уедет, мы переклеим как было.

Везти маму в аэропорт он вызвался сам. Он должен был убедиться, что счастье улетело.

Выехал заранее. Но сиксильон местных автомобилей тоже выехал заранее. В этот день всем понадобилось стоять и бибикать как раз между Ричардом и Самолётом, который один мог отвезти тёщу обратно в Ад. Это была самая большая и подлая пробка в истории королевства.

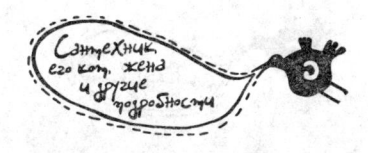

И капитан Ричард М. объехал её по встречной обочине. Все пятьдесят километров. О, это был таран! Это был одиночный полёт бомбовоза над вражеской Германией!

Нет, вы не понимаете. В списке английских преступлений даже поливать газон в жару — хуже. И страшнее, чем клеить обои без разрешения. Так не ездят даже те, у кого вся крыша — одна сплошная восьмицветная мигалка, и в руках мигалки, а на груди паровозный гудок, всё равно. Англичане даже казни отменили, потому что никто давно уже не ездит по встречной.

Но. Если человека загнать в угол тёщей, в нём просыпается социопат, убийца и маньяк. Ричард не боялся, что у мамы от тряски выпадут пломбы. Он боялся, что мама опоздает.

А мама на заднем сиденье была растрогана. Никогда в её честь так не рисковали жизнью и карьерой. Только ромашки дарили и пару раз муж принёс из магазина картошку. А теперь родной зять ради неё послал к чертям страну и королеву.

глава_СЭ

И в аэропорту тёща поцеловала непутёвого, но трогательного зятя.

И Ричард устыдился. Понял, что новые обои были пожеланием добра, и газон тоже, и даже помидоры. И поцеловал маму в ответ. А она его. И так три раза.

Вот так, с езды по встречной и целованья началось постепенное перерождение Ричарда в хорошего русского человека.

Въехав на восьмой этаж, маменька моя первым делом выкинула в окно негодную гречку.

Прямо в открытый космос. И выглянула посмотреть, как красиво та сгорит в стратосфере. Но в наших местах стратосфера какая-то неплотная. Невредимые зёрна упали на планету и население, доверчиво гуляющее без зонтов.

В нашем дворе много скамеек. Но люди водятся только на той, куда моя космическая мама высыпает свой космический мусор. В самый первый раз, с гречкой, человечество не поняло, что ж это такое. Все подумали, что ужасное фубла с неба упало. Стали прыгать, вытряхивать из себя осадки. И посмотрелии наверх. Но маменька моя как раз смотрела из окна на пострадавших. Но не растерялась и тоже повернулась в небо,

Глава 53

и разгневалась лицом, дескать каковачорта вы там швыряетесь! Она у меня очень хитрая.

У них в станице под окном жили куры, гуси всякие. Жрали всё, даже кости от черешни. Согласно деревенским правилам, просто кости на земле — это мусор. А те же кости, покаканные гусями — уже часть природы. Поэтому некрупные объедки станичники швыряют в окно.

Рефлекторно маменька до сих пор это делает. Со словами: «у нас же там газон». Но газон правее, а под окном как раз скамейка. И тридцать лет человечество не может запомнить, что жильцы суть источник не только дождя и снега, но и старой заварки, и хвостиков от клубники.

Впрочем, поскольку крупных тяжёлых предметов мы не жрём, никто там особенно не пострадал.

Из несъедобного я однажды выбросил мышку. У нас гостили сестра с Кубани и мышка, не знаю откуда. Женщины случайно встретились на кухне и стали визжать. Я прибежал и выбрал спасать сестру.

Будучи молод и стремителен, я поймал мышь руками. Но опять же, будучи молод, не знал что с ней делать дальше. Ведь неясно, обязан ли ловец мыши сам же её

Сантехник, его кот, жена и другие подробности

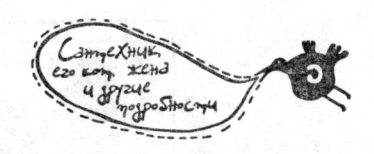

и съесть. Отнести дичь в мусоропровод было нельзя. На пути визжала сестра. Мы с мышью не понимали, куда же нам теперь, только в окно. Согласно традиции, я посмотрел, как она там долетела. И встретился глазами с десантным дембелем Иваном. Он как раз всех прогнал со скамейки и отдыхал. Между нами было восемь этажей, но Иван бы допрыгнул. Просто в тот день ему было лень.

Но лучше всех папенька. Он бросил солёный огурец. И попал в голову преступно красивой в прошлом женщине Тамаре.

Надо сказать, папенька никогда не смотрит, как оно летит. Он философ. Поэтому Тамара не подумала на отца, ведь он приличный мужчина. А во-вторых, этажом ниже жила женщина-шпалоукладчик Дуся, ненавидящая Тамару за красоту и похоть.

Тамара поднялась и сказала Дусе многое, о чём раньше только думала.

Дуся в консерваториях не кончала и не могла на равных полемизировать с Тамарой. От обиды и бессилия Дуся Тамару укусила. Тогда укушенная как бы проиграла спор, но потом Тамара всё равно унизила Дусю на весь двор, когда в поликлинике выпросила себе сорок уколов от бешенства. В живот. Ужас.

Здравствуйте, ненаглядная моя дружочек Лариса Григорьевна.

Пишет вам известный бардовский аккомпаниатор Слава Сэ.

У нас всё хорошо, погода тоже. В пятницу был дождичек, потом молния. Катаклизм я лично выпросил у Бога, для районного алкоголика Анатолия. Этот Анатолий, что ни вечер, писает на каштан под моим окном. Оттого атмосфера обрела ненужную пронзительность. Молния должна была отучить Анатолия гадить на природу и заставить задуматься о плюсах персонального горшка.

Был вечер. Анатолий привычно писал, к стволу каштановому привалясь щекою. Усталый к пятнице Бог выбрал молнию потолще и промахнулся ею прямо мне в телевизор. Потому ни я, ни кот до сих пор не знаем, чем закончился хоккей.

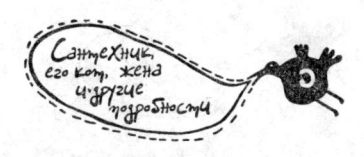

Кроме телевизора, погибли три лампочки, электрические часы и ещё на чердаке коробочка, в ней гномики добывают из голубиных какашек интернет. Тоже все сдохли.

Без гномиков жизнь ужасна. Я от скуки приготовил плов, две пиццы, цыпу табака, ходил в лес, много думал. Купил новый телевизор, большой, как ветровое стекло Икаруса. Из-под него осталась отличная картонка, Маша в ней бьётся с котом за право свить гнездо. Хотел выбросить коробку, но тут дали интернет, теперь некогда.

Что приятно, в том пятничном армагеддоне выжил холодильник. Молодец. В холодильнике заветная кастрюля, в кастрюле борщ, в борще мозговая кость. В той кости, если метнуть и не промахнуться, Анатолиева смерть.

В тот же день посещал музыкальное кафе, дарил людям искусство. Люди обречённо слушали. Если случалась пауза, благодарили за тишину глазами. В кафе приходит много симпатичных женщин 56-го, 58-го размеров и даже ещё красивее. Многие готовы замуж немедля и любят бардовскую музыку каждую пятницу с 20.00. Но единственный из нас дееспособный Александр Б. глух к скрипам их корсетов, ибо тяготеет ко мне. В нём живёт та нежная страсть, какая бывает у небогатых бардов к убогим, но бесплатным аккомпаниаторам. Давайте уже скорее пойдёмте гулять прилюдно, ненаглядная моя Лариса Григорьевна, не то Александр Б. неверно понимает моё творческое одиночество.

За сим остаюсь искренне ваш, безвременно заскучавший, Слава Сэ.

Нитунахин по запаху отличает, кто там сдох в подвале, мышка, птичка или котик. Котов и птиц он хоронит, потому что это православные животные. А грызунам говорит «бох простит». Вы видите, он уже совсем сантехник.

Однажды к Нитунахину забрёл очень медленный кот. По всему, этот хищник охотился ещё на птеродактилей, но теперь усох. Он зашёл погреться на трубах и сам не заметил, как кончилось кино. Нитунахин сложил аксакала на лопату и понёс. Шли они, шли, навстречу бабки.

— А что это у вас на лопате? — оживилась одна бабка. Она поинтересовалась таким нежным голосом, каким спрашивают, желаете ли вы умереть сразу или лучше сначала помучиться.

глава_СЭ

Все старухи мира обожают котов. Готовы вылизывать их и даже замуж пошли б, только коты не согласны.

А сантехников ненавидят. Считают нас демонами и библейскими бегемотами.

И представьте, идёт Нитунахин, несёт на лопате кота. «Маньяк и убийца!» — догадались бабки.

Если б Нитунахин упал на колени и заплакал, его бы простили. Но он стал шутить в ответ. Он сказал, что несёт негодяя на помойку, и так будет с каждым, кто жульничает в нарды.

Ни одна бабка не расхохоталась в ответ. Эти Фрёкен Боки совершенно не смешливые. Из-за них, кстати, в рекламе стирального порошка навсегда запрещён юмор. Только Петросян знает секрет старушечьего смеха и в этом величие Петросяна.

Покойник оказался известным на районе котом Мишкой из квартиры восемь. Неделю назад он вышел из дома к друзьям, с тех пор от него ни писем, ни звонков. Рост небольшой, глаза жёлтые, усы прямые, одет в волосы.

Сантехник, его кот, жена и другие подробности

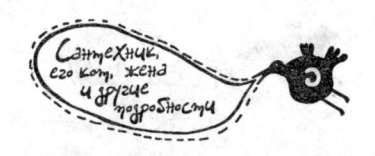

Младшие бабки побежали в квартиру восемь рассказать про горе. Нитунахина взяли за рукав, вызвали полицию, службу защиты котов от людей, и ещё нашего директора Володю, у которого на котов аллергия.

Директор приехал первым и единственным. Было собрание неравнодушных жильцов, директор пять раз сказал «простите его, он дурак». Обещал всем утеплить трубы. Нитунахин письменно клялся никого не носить в мусорник без резолюции старосты дома, умеющей на глаз оценить значимость трупа для коллектива.

У сантехников нашего ЖЭКа теперь очень широкие обязанности. Вот я, например, чинил плиты, двери, табуретки, кофемолки. Спасал котят и одну пересохшую жабу. Утешал невозможных детей, боролся с вторжением инопланетян, нюхал зелёное желе, двигал мебель, мешал абрикосовое варенье и однажды держал за ноги женщину, которая развешивала бельё, стоя на краю ванной. Вне моих горячих ладоней она боялась упасть.

А Нитунахин теперь и коронёр.

Глава СЭ

Я спросил его, можно ли рассказать про это всё. Он запретил, но прислал взамен стихи, сам писал. Из стихов следует, Нитунахин к тому же следит за равновесием света и тьмы во вселенной. Молодец, я считаю.

И раз уж я тут главный, хочу передать монамур Ларисе Григорьевне привет и ещё сказать вот что. Лариса Григорьевна. Вот мы вчера ходили в баню, там я не решился. У вас очень, очень красивые ноги.

Литературно-художественное издание

Слава Сэ

Сантехник, его кот, жена и другие подробности

Зав. редакцией *О. Ярикова*
Ответственный редактор *М. Малороссиянова*
Технический редактор *Т. Тимошина*
Корректор *И. Мокина*
Компьютерная верстка *Е. Илюшиной*

ООО «Издательство АСТ»
141100, Московская обл., г. Щелково, ул. Заречная, д. 96

ООО «Издательство Астрель»
129085, г. Москва, проезд Ольминского, д. 3а

Наши электронные адреса:
E-mail: astpub@aha.ru
www.ast.ru

Издано при участии ООО «Харвест». ЛИ № 02330/0494377 от 16.03.2009.
Республика Беларусь, 220013, Минск, ул. Кульман, д. 1, корп. 3, эт. 4, к. 42.
E-mail редакции: harvest@anitex.by

ОАО «Полиграфкомбинат им. Я. Коласа».
ЛП № 02330/0150496 от 11.03.2009.
Республика Беларусь, 220600, Минск, ул. Красная, 23.

ИЗДАТЕЛЬСКАЯ ГРУППА ACT

ПРИОБРЕТАЙТЕ КНИГИ ПО ИЗДАТЕЛЬСКИМ ЦЕНАМ В СЕТИ КНИЖНЫХ МАГАЗИНОВ буква

МОСКВА:
- м. «Алексеевская», Звездный б-р, д. 21, стр. 1, т. (495) 232-19-05
- м. «Алексеевская», пр-т Мира, д. 114, стр. 2 (Му-Му), т. (495) 687-45-86
- м. «Алтуфьево», Дмитровское ш., д. 163 А, ТРЦ «РИО»
- м. «Бауманская», ул. Спартаковская, д. 16, т. (495) 267-72-15
- м. «Бибирево», ул. Пришвина, д. 22, ТЦ «Александр Лэнд», этаж 0, т. (495) 406-92-65
- м. «ВДНХ», г. Мытищи, ул. Коммунистическая, д. 1, ТРК «XL - 2», т. (495) 641-22-89
- м. «Домодедовская», Ореховый б-р, вл. 14, стр. 3, ТЦ «Домодедовский», т. (495) 983-03-54
- м. «Каховская», Чонгарский б-р, д. 18, т. (499) 619-90-89
- м. «Коломенская», ул. Судостроительная, д. 1, стр. 1, т. (499) 616-20-48
- м. «Коньково», ул. Профсоюзная, д. 109, корп. 2, т. (495) 429-72-55
- м. «Крылатское», Осенний б-р, д. 18, корп. 1, т. (495) 413-24-34, доб. 31
- м. «Крылатское», Рублевское ш., д. 62, ТРК «Евро Парк», т. (495) 258-36-14
- м. «Марксистская»/«Таганская», Бол. Факельный пер., д. 3, стр. 2, т. (495) 911-21-07
- м. «Менделеевская»/«Новослободская», ул. Новослободская, д. 26, т. (495) 251-02-96
- м. «Новые Черемушки», ТЦ «Черемушки», ул. Профсоюзная, д. 56, 4-й этаж, пав. 4а-09, т. (495) 739-63-52
- м. «Парк культуры», Зубовский б-р, д. 17, стр. 1, т. (499) 246-99-76
- м. «Перово», ул. 2-я Владимирская, д. 52, т. (495) 306-18-97
- м. «Петровско-Разумовская», ТРК «XL», Дмитровское ш., д. 89, т. (495) 783-97-08
- м. «Пражская», ул. Красного Маяка, д. 26, ТЦ «Пражский Пассаж», т. (495) 721-82-34
- м. «Преображенская площадь», ул. Бол. Черкизовская, д. 2, корп.1, т. (499) 161-43-11
- м. «Сокол», ТК «Метромаркет», Ленинградский пр-т, д. 76, корп. 1, 3-й этаж, т. (495) 781-40-76
- м. «Теплый стан», Новоясеневский пр-т., вл. 1, ТРЦ «Принц Плаза»
- м. «Тимирязевская», Дмитровское ш., д. 15, корп. 1, т. (495) 977-74-44
- м. «Тульская», ул. Большая Тульская, д. 13, ТЦ «Ереван Плаза», т. (495) 542-55-38
- м. «Царицыно», ул. Луганская, д. 7, корп. 1, т. (495) 322-28-22
- м. «Университет», Мичуринский пр-т, д. 8, стр. 29, т. (499) 783-40-00
- м. «Шелковская», ул. Уральская, д. 2
- м. «Шукинская», ул. Шукинская, вл. 42, ТРК «Щука», т. (495) 229-97-40
- м. «Юго-Западная», Солцевский пр-т., д. 21, ТЦ «Столица», т. (495) 787-04-25
- м. «Ясенево», ул. Паустовского, д. 5, корп. 1, т. (495) 423-27-00
- М.О., г. Железнодорожный, ул. Советская, ТЦ «Эдельвейс»
- М.О., г. Зеленоград, ТЦ «Иридиум», Крюковская площадь, д. 1
- М.О., г. Клин, ул. Карла Маркса, д. 4, ТЦ «Дарья», т. (496)(24) 6-55-57
- М.О., г. Коломна, Советская площадь, д. 3, Дом Торговли, т. (496)(61) 50-3-22
- М.О., г. Люберцы, Октябрьский пр-т, д. 151/9, т. (495) 554-61-10
- М.О., г. Сергиев Посад, ул. Вознесенская, д. 32А, ТЦ «Счастливая семья»
- М.О., г. Электросталь, ул. Ленина, д. 010, ТЦ «Эльград»